Nordrhein-Westfälische Akademie der Wissenschaften

Geisteswissenschaften Vorträge · G 366

Herausgegeben von der
Nordrhein-Westfälischen Akademie der Wissenschaften

KLAUS TIPKE

Besteuerungsmoral und Steuermoral

Westdeutscher Verlag

422. Sitzung am 20. Oktober 1999 in Düsseldorf

Die Deutsche Bibliothek – CIP-Einheitsaufnahme

Ein Titeldatensatz für diese Publikation ist bei Der Deutschen Bibliothek erhältlich.

Der Westdeutsche Verlag ist ein Unternehmen der Fachverlagsgruppe BertelsmannSpringer.

Gedruckt auf säurefreiem Papier.
Herstellung: Westdeutscher Verlag

ISSN 0944-8810

ISBN 978-3-663-05342-2 ISBN 978-3-663-05341-5 (eBook)
DOI 10.1007/978-3-663-05341-5

Inhalt

Klaus Tipke, Köln
Besteuerungsmoral und Steuermoral

A. EINLEITUNG

(1) Von Steuermoral ist in der Diskussion über Steuern oft die Rede. Insbesondere die Deutsche Steuer-Gewerkschaft und Autoren aus der Finanzverwaltung pflegen über die schlechte Steuermoral vieler Bürger zu klagen. Der Bund der Steuerzahler und Steuerberater pflegen zu entgegnen, daß eine schlechte Steuermoral auch der Reflex einer schlechten Besteuerungsmoral des Staates sei, daß die eine Erscheinung mit der anderen einhergehe.[1]

Statt von *Steuermoral* wird synonym auch von *Steuerethik* gesprochen oder auch mit einem Doppelwort vom ethisch-moralischen Zustand des Steuerwesens. Da sich terminologische Differenzen auch in der Literatur zur Ethik oder Moralphilosophie finden, ist es angezeigt, zunächst den eigenen *Sprachgebrauch* klarzustellen: Danach ist Ethik als Disziplin der Philosophie die Theorie, die Prinzipien oder Regeln für moralisches Handeln aufstellt. Entspricht ein Handeln den Prinzipien der ethischen Theorie, so ist es moralisch oder moralgerecht. Läuft ein Handeln diesen Prinzipien zuwider, so ist es unmoralisch oder moralwidrig. Die Steuerethik ist dementsprechend die Theorie vom besteuerungsmoralischen Handeln der Staatsgewalten – der Legislative, der Exekutive und der Judikative – sowie vom steuermoralischen Handeln der Steuerbürger.[2]

Zu suchen ist nach einer Antwort auf die Frage: Was verlangt die Besteuerungs- oder Steuerethik von den Staatsgewalten und den Steuerbürgern? Konkreter: Es geht um eine Antwort auf die Frage: An welchen vernünftigen, einsehbar zu begründenden Prinzipien oder Wertungen müssen sich Staatsgewalten und Bürger orientieren, damit die Besteuerung gerecht genannt werden kann?

[1] Der Beitrag von Ministerialrat Werner Klotz, Über den Verfall der guten Sitten im Steuerrecht, in: Festschrift für Franz Klein, 1994, S. 289 ff. registriert allerdings auch „Tolerierung (steuerunehrlichen Verhaltens) durch den Staat", schlechte „Vorbilder im staatlichen Bereich", „staatliche Ausgabenfreude" u. ä.

[2] In der Literatur wird auch von guter oder schlechter *„Steuermentalität"* gesprochen, die gute Steuermentalität auch als *„Steuerkultur"* bezeichnet. Der Begriff *„Steuertugend"* ist hingegen ungebräuchlich.

Da es nicht nur um ein folgenloses praxisfernes Theoretisieren gehen sollte, ist es angezeigt, sich zunächst zu gegenwärtigen, was in dieser Zeit hauptsächlich diskutiert wird. Erörtert wird vor allem,

- welche Steuern sich zur gleichmäßigen Verteilung der Gesamtsteuerlast eignen und welche nicht;
- was eine ungleiche Verteilung der Gesamtsteuerlast rechtfertigen kann;
- ob Steuergerechtigkeit sich in gleichmäßiger Verteilung der Gesamtsteuerlast erschöpft oder ob sie der Steuerbelastung des einzelnen auch Grenzen setzt, wenn ja: welche;
- ob die Exekutive besteuerungsunmoralisch handelt, wenn sie die Steuergesetze nicht gleichmäßig anwendet, sondern nach fiskalisch vorteilhaften Gesichtspunkten verfährt;
- inwieweit es steuerunmoralisch ist, wenn Bürger Steuergesetze nicht beachten,
  - weil sie die Steuergesetze für ungerecht oder verfassungswidrig halten,
  - weil auch andere massenhaft Steuern verkürzen,
  - weil sie Staat und Kommunen für Steuerverschwender halten,
  - weil sie die Steuergesetze nicht verstehen oder weil sie keine Steuergesetze besitzen und auch Fragen in den Steuererklärungen nicht verstehen.

Auch dies wird diskutiert: Handelt der Haushaltsgesetzgeber oder handeln Behörden unmoralisch, wenn sie Steuermittel verschwenden? Sollte die bisher nicht strafbare Steuermittelverschwendung künftig bestraft werden? Wie läßt sich die zulässige Steuermittelverwendung überhaupt von Steuermittelverschwendung abgrenzen? Ist es moralisch, die Steuerhinterziehung von Bürgern selbst dann zu bestrafen, wenn die hinterzogenen Steuern ungerecht oder verfassungswidrig waren oder sind?

Das heißt nicht, daß im Steuerrecht nur diese Fragen diskutiert würden. Die weitaus meisten Beiträge in der Schwemme der Bücher und Aufsätze über Steuern befassen sich mehr oder minder prinzipienlos mit Detailfragen, an denen man sich dumm lesen und jede Orientierung verlieren kann.

(2) Mit der Besteuerungs- und Steuerethik haben sich Staatsphilosophen und Ökonomen befaßt, auch Theologen, erst in jüngerer Zeit vermehrt auch Juristen. Das führt zu der Frage, *welcher Wissenszweig eigentlich zuständig* ist.

Da die Besteuerungs- und Steuerethik ein Teilgebiet der Ethik ist, liegt es nahe, zunächst an die Ethiker oder Moralphilosophen zu denken. Aber die deutschen Philosophen – Rechts- und Staatsphilosophen[3] eingeschlossen –

[3] Eine Ausnahme bei den Staatsphilosophen macht *Friedrich Julius Stahl* (1802–1855). Stahl war

haben der Besteuerung, wenn überhaupt, dann nur wenige abstrakte, durchweg an der Oberfläche bleibende, mehr oder minder realitätsferne Sätze gewidmet.

Oswald Spengler meinte 1924: „Die Steuer ist beinahe das einzige Gebiet, an das sich eine höhere Betrachtungsweise nie herangewagt hat. Es scheint, daß es sich hier um das Alltäglichste handelt, daß lediglich Geldeingänge eine Rolle spielen, die dem geschäftlichen Leben entzogen werden, gleichviel wie und wo. Die Finanzwissenschaft beschränkt sich auf den Vorgang selbst und seine Technik – trotzdem gibt es eine Philosophie des Steuerwesens, man muß sie nur zu sehen wissen."[4] *Oswald Spengler* war nicht richtig informiert. Über das Steuerwesen hat man schon seit dem Altertum philosophiert, und auch die Finanzwissenschaft hat sich sehr wohl mit der Steuergerechtigkeit befaßt, keineswegs auf Steuertechnik beschränkt.[5]

Angelsächsische Staatsphilosophen wie *Thomas Hobbes* (1588–1679)[6], *David Hume* (1711–1776)[7], *Adam Smith* (1723–1770)[8], und später *John Stuart Mill* (1806–1873)[9] haben sich – anders als *Immanuel Kant* (1723–1804) und *Georg Wilhelm Friedrich Hegel* (1770–1831) – durchaus auch zum Steuerwesen geäußert. Adams Smith's vier Steuermaximen (equality, certainty, convenience of payment, economy in collection) wirken bis heute fort. Verwunderlich ist das nicht, geht es doch bei der Besteuerung um Gleichbehandlung (Gleichbelastung) oder Willkürbelastung sowie um einen Eingriff in Freiheit und Eigentum. Das Buch von H. M. Groves[10] über Tax Philosophers enthält die Steuertheorien (Steuergerechtigkeitstheorien) englischer und vor allem U.S.-amerikanischer Klassiker, sämtlich Ökonomen, insbesondere die Theorien von *Adam Smith, John Stuart Mill, E. R. A. Seligman, Henry Simons, J. K. Galbraith, I. Fischer* und *J. M. Keynes*. Auch der Havard-Philosoph *John*

ein Gegner der Einkommensteuer und sprach sich für die Grundsteuer als Hauptsteuer aus. Die Entwicklung ist über ihn hinweggegangen. Wie hoch müßte eine Grundsteuer heute wohl sein, wenn Staat und Kommunen aus ihr die Steuereinnahmen hauptsächlich bestreiten müßten?

4 *O. Spengler*, Neubau des Deutschen Reiches, 1924, S. 74.

5 Dazu die Literaturhinweise in *K. Tipke*, Die Steuerrechtsordnung, 1993, S. 260.

6 *Th. Hobbes*, Philosophical Rudiments Concerning Government and Society, 1642; *W. Molesworth* (ed.), The English Works of Thomas Hobbes of Malmesbury, Vol. 2, 3, London 1839/41 (2nd reprint, Aalen 1966).

7 *D. Hume*, On Taxes in: D. Hume, Writings on Economics, 1752; ed. E. Rotwein, Edingburgh u. a. 1955, S. 83 ff.

8 *A. Smith*, An Inquiry into the Nature and Causes of the Wealth of Nations, 1776. Reprint of the 5th Ed. 1789, ed. by E. Cannan, London 1904, Reprint Chicago 1976. Deutsch: A. Smith, Der Wohlstand der Nationen, hrsg. von H.C. Recktenwald, 1974.

9 *J. St. Mill*, Principles of Political Economy with Some of their Applications to Social Philosophy, ed. by W. Ashley, 1909, Reprint Fairfield N.J. 1987.

10 *H.M. Groves*, Tax Philosophers, Two Hundred Years of Thought in Great Britain and the United States, University of Wisconsin Press 1974.

Rawls geht in seiner Theorie der Gerechtigkeit kurz auf die Steuergerechtigkeit als Verteilungsgerechtigkeit ein.[11]

Offenbar fürchten die Angelsachsen nicht, sie könnten infolge der Befassung mit Problemen der Lebenswirklichkeit nicht mehr als Philosophen gelten. Ob nun die Deutschen eine besondere Neigung zu praktisch irrelevanten *metaphysics* haben, zu *armchair philosophizing*, mag dahinstehen. Daß auch Rechtsphilosophen die Probleme der Steuergerechtigkeit durchweg ausklammern, obwohl die „Gerechtigkeit" ihr zentrales Thema ist[12], hängt wohl eher damit zusammen, daß das Steuerrecht mit einer Vielzahl von Steuern sich dem mit der unnötig komplizierten Materie nicht Vertrauten nur schwer erschließt, schwerer offenbar als Ökonomen. Immerhin haben sich schon früh auch Theologen mit Fragen der Steuergerechtigkeit befaßt.[13]

Bei unseren zeitgenössischen Denkern – etwa *Karl-Otto Apel, Hermann Lübbe, Jürgen Habermas, Niklas Luhmann, Otfried Höffe, Ilmar Tammelo* – findet sich zu unserem Thema nichts. Einige Rechtsphilosophen haben darauf hingewiesen, daß es indiskutabel sei, die Steuerlast zu messen an der auf 3 endenden letzten Ziffer der Telefonnummer, am Körpergewicht oder der Hut- oder Schuhgröße, an der Haar- oder Augenfarbe, an der Zahl der Haare, an der Nasenform, der Blutgruppe, der Gehweise.[14] Das ist zwar nicht falsch, aber gänzlich unrealistisch. „As for philosophers, they make imaginary laws for imaginary commonwealths, and their discourses are as the stars, which give little light because they are so high", spottete schon *Francis Bacon*.[15]

Das Steuerrecht kann Ethik und Moral nicht entbehren, aber es mußte bisher leider ohne die etablierten Moralphilosophen auskommen. Die Beschäftigung besonders von Ökonomen, vor allem Finanzwissenschaftlern, mit dem

[11] *John Rawls*, A Theory of Justice, Oxford University Press, 1972, Reprint 1980, Kap. 5 Nr. 43 (p. 274–279). Deutsche Übersetzung von H. Vetter. Eine Theorie der Gerechtigkeit, Suhrkamp Taschenbuch Wissenschaft 271, Kap. 5 Nr. 43 (S. 308–318).

[12] „Zentrales Thema der Rechtsphilosophie ist die Gerechtigkeit; Recht, Gerechtigkeit und Rechtsphilosophie gehören unmittelbar zusammen" (*H. Weber-Grellet*, Rechtsphilosophie, 1997, S. 1).

[13] Dazu *Paul Kehl*, Die Steuer in der Lehre der Theologen des Mittelalters. Eine quellengeschichtliche Studie, 1927; *Frank Hamm*, Zur Grundlegung der Geschichte der Steuermoral, 1908.

[14] *M. Kriele*, Kriterien der Gerechtigkeit, 1963, S. 92; *K. Engisch*, Auf der Suche nach der Gerechtigkeit, 1971, S. 163; *H. Henkel*, Einführung in die Rechtsphilosophie, 1977, S. 402; s. auch *P. Koller*, Die Idee der sozialen Gerechtigkeit, in: Gedächtnisschrift für I. Tammelo, 1984, S. 111. – Ein kurzer Abschnitt über Steuer- und Budgetpolitik findet sich in *Johannes Messner*, Naturrecht, 7. Aufl., 1984, S. 899–912. Kurze Bemerkungen zu Kindergeld und Kinderfreibetrag macht *R. Spaemann*, Moralische Grundbegriffe, 2. Aufl., 1983, S. 57f.

[15] *Francis Bacon*, The Advancement of Learning. London 1974, Book 2, Sect. 23, 49; zitiert nach St. Macedo, Liberal Virtues, Oxford 1990, S. 43.

Gegenstand „Gerechte Steuern“ oder „Rationale Steuern“ mag sich auch aus der Lücke erklären, die die Moralphilosophen und die Juristen gelassen hatten. Der Einwand, daß Gerechtigkeit keine ökonomische Kategorie sei, daß die ökonomischen Wissenschaften Seins-, nicht Sollenswissenschaften seien oder sein sollten, die Ökonomen daher für Gerechtigkeitsfragen nicht zuständig seien, ist formal. Es kommt entscheidend auf die sachliche Kompetenz an. Wenn Philosophen und Juristen sich weitgehend darauf beschränken, den Ökonomen Grenzüberschreitungen vorzuwerfen, selbst aber nichts oder wenig tun, ist das allemal zu wenig.

B. BESTEUERUNGSETHIK FÜR DIE STAATSGEWALTEN

I. Besteuerungsethik für den Gesetzgeber

1. Die Notwendigkeit sachgerechter Besteuerungsprinzipien

1.1 Auf der Suche nach einem sachgerechten Besteuerungsprinzip für alle Fiskalzwecksteuern

Der auf Privatnützigkeit des Eigentums gegründete Staat ist darauf angewiesen, den zur Erfüllung seiner Aufgaben erforderlichen Finanzbedarf hauptsächlich durch Steuern zu decken. Ohne Steuern und Steuerzahler ist „kein Staat zu machen", auch kein Rechtsstaat, erst recht kein Sozialstaat.[16] Die gegenwärtigen Zustände in Rußland sind ein schlagender Beweis dafür.

In einem Rechtsstaat muß es möglichst gerecht zugehen. Das ist der höchste Anspruch, den man an ihn stellen muß. Dieser Anspruch kann in seinem Kern auch durch andere Ansprüche nicht außer Kraft gesetzt oder verdrängt werden. Davon gehen auch Verfassungen aus, die expressis verbis auf Gerechtigkeit oder auf Steuergerechtigkeit rekurrieren.[17]

Auch die Gesamtsteuerlast muß, zumal in einem Rechtsstaat, gerecht auf die Bürger verteilt werden. Die Gerechtigkeitsfrage stellt sich nämlich vor allem dann, wenn eine Mehrzahl von Menschen darauf angewiesen ist, die Lasten oder Ansprüche, die mit dem Zusammenleben in einer Gemeinschaft verbunden sind, zu verteilen (Verteilungsgerechtigkeit, *iustitia distributiva, distributional equity*). Auch im Steuerrecht dürfen daher nicht beliebige Normen in den Rang des Rechts erhoben werden. Dem noch nicht gänzlich überwundenen Steuerrechtspositivismus oder Steuerrechtsnihilismus muß eine Besteuerungs- und Steuerethik entgegengesetzt werden; dies auch der Grundrechte wegen, die der pluralistischen Gesellschaft ein nicht antastbares ethisches Minimum vorgeben.[18]

[16] S. auch O. *Höffe*, Den Staat braucht selbst ein Volk von Teufeln, 1988.

[17] So z. B. die griechische Verfassung von 1975 in Art. 25 Abs. 2; die irische Verfassung von 1937/1992 in Art. 43 Abs. 2 Nr. 1 und 45 Abs. 1; die portugiesische Verfassung von 1976 in Art. 1; die spanische Verfassung von 1978 in Art. 1 Abs. 1 und 31 Abs. 1.

[18] Wenn *K. Offerhaus*, (Ex-)Präsident des Bundesfinanzhofs, das Steuerrecht als wertfrei oder wertneutral bezeichnet, wenn er behauptet, daß es keine moralische Wertung kenne (Stbg. 1995 Heft 11, S. III; Harzburger Steuerportokoll 34/1995, S. 29 ff.; Freundesgabe für F. J. Haas, 1996,

Da der Wertungsbegriff der Gerechtigkeit der fundamentalste und abstrakteste Begriff des Rechts ist, lädt er besonders dazu ein, mit rhetorischem Blendwerk oder leeren Phrasen ausgefüllt zu werden oder mit Formeln, die kaum mehr bieten, als der Gerechtigkeitsbegriff selbst. „*Justitia est constans et perpetua voluntas ius suum cuique tribuendi*", soll der römische Jurist *Domitius Ulpianus* formuliert haben.[19] Aber was ist das *Suum*? Auch soweit Philosophen, Juristen und Ökonomen darüber einig sind, daß Steuern in gerechter Weise erhoben werden müssen: Je weiter sie auf der Grundlage eines sachgerechten, alle Steuern erfassen sollenden Prinzips in die Details hinabsteigen, desto weiter können die Meinungen auseinandergehen.[20]

„Die Philosophie" – so der Staatsrechtslehrer *Ulrich Scheuner* – „geht ihrer Intention nach auf Sätze von hoher Abstraktheit aus. Der Jurist wird eher bestrebt sein, sich mit einer Reihe mittlerer Werte zu begnügen, um die ihn beschäftigenden Konflikte der Menschen zu lösen."[21] Für praktizierende Juristen trifft das sicher zu. Aber in der juristischen Ethik muß der Weg idealiter auch vom abstrakten Gerechtigkeitsbegriff hinabführen bis zu einem Gesetzbuch mit allen Details.[22] Das Sekundäre darf das Primäre nicht übergehen. Wer ein solches Vollprogramm im Steuerrecht umsetzen will, muß in erster Linie Steuerjurist mit ausgezeichneten, detaillierten Kenntnissen des allgemeinen und besonderen Steuerrechts sein, aber auch Moralphilosoph und Verfassungsjurist. Er muß ferner mit den anderen einschlägigen Teilen der Rechtsordnung und mit den Grundlagen der Wirtschaftswissenschaften vertraut sein. Daß ihm auch die Realität nicht fremd sein sollte, auf die das Steuerrecht stößt, versteht sich.

Allgemein gilt: Gerechtigkeit setzt *Prinzipien*, Wertungen oder – hier inhaltsgleich gemeint – Regeln voraus.[23] Prinzipien sorgen für ein einheitliches

S. 237 ff.; Impulse 1996 Nr. 1, S. 20 f.), so will er wohl nur sagen, daß das Steuerrecht keine Rücksicht zu nehmen habe auf die Wertungen anderer Teilrechtsordnungen. Aber selbst das trifft nicht zu, weil das Steuerrecht sich in die Gesamtrechtsordnung und seine Wertungen möglichst einfügen muß.

19 Digesten 1, 1, 10 pr. (Pseudo-Ulpian).

20 Belege in *K. Tipke*, Steuergerechtigkeit in Theorie und Praxis, 1981; *ders.*, Die Steuerrechtsordnung, 3 Bände, 1993; *ders.*, Über Steuergerechtigkeit, in: Festschrift für M. Kriele, 1997, S. 947 ff. Über Meinungsverschiedenheiten in Details insbesondere die Beiträge in: *J. Lang*, (Hrsg.), Die Steuerrechtsordnung in der Diskussion, 1995.

21 *U. Scheuner*, in: Essener Gespräche zum Thema Staat und Kirche, Heft 11 (1977), hrsg. von J. Krautscheidt und Heiner Marré, S. 90.

22 Den Entwurf eines solchen Steuergesetzbuches hat der Steuerjurist *Joachim Lang* vorgelegt: BMF-Schriftenreihe Heft 49, 1993.

23 Statt vieler *I. Tammelo*: „Trotz der auf den ersten Blick unlösbar scheinenden Verwirrung, die die Vielfältigkeit des Gerechtigkeitsbegriffes hervorgerufen hat, ist aus der Ideengeschichte so manches über die Gerechtigkeit zu lernen. So geht aus ihr hervor, daß die menschlichen Ver-

Maß, verhindern, daß mit verschiedenem Maß gemessen wird, verhindern vor allem prinzipienlose Willkür. Die Prinzipien müssen konsequent zuende gedacht werden.[24] Die Hierarchie aus einem oder mehreren Fundamentalprinzipien und den daraus abzuleitenden Subprinzipien bildet die Architektur der Gerechtigkeit. Ungerechtfertigte Prinzipdurchbrechungen privilegieren oder diskriminieren.

Soll Gerechtigkeit erreicht werden, so darf es sich bei dem Fundamentalprinzip nicht um irgendein Prinzip handeln. Das Prinzip muß vielmehr *sachgerecht* sein. Daß unterschieden wird zwischen Strafgerechtigkeit, Steuergerechtigkeit, Sozialversicherungsgerechtigkeit, Wehrgerechtigkeit, Lohngerechtigkeit, Preisgerechtigkeit usw., ist darin begründet, daß Gerechtigkeit auf einen Sachbereich bezogen ist, daß nicht für jeden Sachbereich das gleiche Prinzip sachgerecht ist.[25]

Gerechtigkeit wird hauptsächlich verbürgt durch gesetzliche Gleichbehandlung[26], im Steuerrecht durch *Gleichbelastung*. Wer prüfen will, ob der Gleichheitssatz beachtet oder verletzt worden ist, benötigt einen sachgerechten Vergleichsmaßstab. Er ergibt sich aus den sachgerechten Prinzipien, die idealiter dem gesetzten Recht zugrunde liegen.

Wer das sachgerechte Prinzip finden will, muß etwas von der Sache verstehen. Wer nichts anderes gelernt hat, als Gesetze mit Hilfe von Kommentaren anzuwenden, wird kaum in der Lage sein, sachgerechte Prinzipien aufzufinden. Wer ein sachgerechtes Prinzip finden will, darf nicht interessiert, befangen sein; er muß Eigeninteressen überwinden können; er darf sich nicht

hältnisse nur dann als gerecht qualifiziert werden können, wenn sie an Prinzipien oder Regeln gemessen werden können; das gerechte Verhalten ist ein regelhaftes – es hält sich an Regeln und Kriterien ... Die Gerechtigkeit ist ein Prinzip oder ein Prinzipiengefüge, dessen Funktion es ist, Ordnung zu stiften und Gleichgewicht herzustellen oder aufrechtzuerhalten, und dies vornehmlich im Verhältnis der Menschen zueinander. Zumindest seit Platon wird die Gerechtigkeit als ethisches und zumindest seit Aristoteles als soziales Prinzip verstanden" (Theorie der Gerechtigkeit, 1977, S. 42, 45; s. auch S. 57 zu Julius Stone).

24 Mit anderen Worten: Es muß universalisiert oder generalisiert werden. Das ist eigentlich schon im Begriff des Prinzips angelegt („An important part of morality seems to lie in the idea that what is right for one person must be right for anyone else in the same position. This can be expressed by saying that a moral judgement must be universalizable" (*A.R. Lacey*, A Dictionary of Philosophy, London/Boston reprint 1979, S. 225; detailliert dazu *R. Wimmer*, Universalisierung in der Ethik, 1980; *M.G. Singer*, Generalization in Ethics, New York 1971. Steuerrechtlich heißt das: Wenn A und B in gleicher Weise fähig sind, Steuern zu zahlen, haben sie die gleiche Summe zu zahlen.

25 *O. Höffe*, Politische Gerechtigkeit, 1987, S.45. So auch *F. Bydlinski*, Gerechtigkeit als rechtspraktischer Maßstab kraft Sach- und Systemzusammenhanges, in: Festschrift für Th. Mayer-Maly, Wien/New York 1996, S. 107, 110 ff., 130 ff.

26 Statt vieler *I. Tammelo*, Theorie der Gerechtigkeit, 1977, S. 45; „Daß Gleichheit ein Merkmal der Gerechtigkeit ist, spielt in der philosophischen Tradition eine auffallende Rolle ...".

beliebt machen wollen. Bei der Findung des Sachgerechten muß er auch die Folgen bedenken. Hilfreich kann es sein, das in die engere Wahl gezogene Prinzip umzukehren und zu prüfen, ob die Umkehrung sachgerechter erscheint oder eher absurd. Daß alles relativ sei, jede Suche nach Sachgerechtigkeit in einem subjektiven Meinen ende und das Sachgerechte daher nicht gefunden werden könne, trifft nicht zu. In Grenzen sind Prinzipien der Sachgerechtigkeit begründbar. In einem Rechtsstaat müssen aber nicht zuletzt auch die Wertungen der Grundrechte mitbeachtet werden. Verfassungsrechtler, die annehmen, daß sachgerechte Prinzipien nur der Verfassung entnommen werden dürfen, denken allerdings zu verfassungszentriert und -limitiert.

Wie jedes gerechte Rechtssystem ist auch das Steuerrechtssystem ein auf sachgerechte, konsequent zuende gedachte Prinzipien gegründetes Gedankenkonstrukt.[27] Dieses Konstrukt kann nicht *in vacui* errichtet werden; es hat eine sachbezogene empirische Basis und beruht – davon abgeleitet – auf einem ethischen Fundamentalprinzip, eventuell auch auf mehreren Prinzipien. Aus dem Fundamentalprinzip müssen Subprinzipien und schließlich Einzelvorschriften abgeleitet werden. So entsteht ein rechtliches System. Es trägt wesentlich zur Vereinfachung des Rechts bei, zu Übersicht und Einsicht.

Empirisch gilt als allgemeiner Satz: Steuern können nur aus dem (gespeicherten) Einkommen aufgebracht werden. Jedes Einkommen, das nicht sogleich nach seiner Entstehung oder seinem Zufluß konsumiert wird, wird gespeichertes Einkommen oder (inhaltsgleich) Vermögen. Nur aus dem gespeicherten Einkommen oder Vermögen können Steuern gezahlt werden. Da im Steuerrecht aber durchweg von Einkommensteuer und von Einkommen-

[27] Aus der Geschichte der Steuerrechts- oder Steuergerechtigkeitstheorie: *J. H. G. von Justi*, System des Finanzwesens, nach vernünftigen aus dem Endzweck der bürgerlichen Gesellschaften und aus der Natur aller Quellen der Einkünfte des Staates hergeleiteten Grundsätze und Regeln ausführlich abgehandelt, Halle 1766 (Nachdruck Aalen 1969); *D. Ricardo*, Principles of Political Economy and Taxation, London 1895; *J. St. Mill*, Principles of Political Economy (Fußn. 9); *Robert Meyer*, Die Principien der gerechten Besteuerung in der Finanzwissenschaft, 1884; *St. F. Weston*, Principles of Justice of Taxation, New York 1903; *H. E. Vogel*, Die finanzpolitischen Besteuerungsprinzipien in Literatur und Theorie, Zeitschrift für die gesamte Staatswissenschaft Bd. 66 (1910), 296 ff., 494 ff.; *J. Stamp*, The Fundamental Principles of Taxation in the Light of Modern Developments, London 1923; *R. Jones*, The Nature and First Principles of Taxation, London 1914; *G. Armitage-Smith*, Principles and Methods of Taxation, New Ed., London 1935; *F. Neumark*, Grundsätze gerechter und ökonomisch rationaler Steuerpolitik, 1970; *J. A. Jones*, Tax Law: Rules or Principles, Fiscal Studies Bd. 17 (1996), 63 ff. Weitere Literatur zum Thema Steuergerechtigkeit ist nachgewiesen bei *K. Tipke*, Die Steuerrechtsordnung, 1993, S. 260 f. Steuerpositivisten, die Steuergerechtigkeit für denkunmöglich halten, mögen wenigstens zur Kenntnis nehmen, wie viele Kriege, Revolten, Aufstände und Unruhen es in der Vergangenheit allein in Deutschland wegen „ungerechter Steuerbelastung" gegeben hat (s. etwa W. Schomburg, Lexikon der deutschen Steuer- und Zollgeschichte, 1992, Stichwort ‚Abgabenverweigerung').

verwendungsteuern die Rede ist, sprechen wir hier weiterhin davon, daß Steuern nur aus dem Einkommen (eigentlich aus dem Vermögen) aufgebracht werden können. Denn besteuert werden soll der Vermögenszuwachs (= Einkommen), nicht das Vermögen beliebig oft. Alle Steuern (Geldleistungen), die es gibt und die es je gegeben hat – ganz gleich, welchen Namen man ihnen gegeben hat oder gibt und wie der Gesetzgeber ihr Steuerobjekt bezeichnet – sind nur verschiedene Erscheinungsformen der Belastung des (gespeicherten) Einkommens. Daher gibt es *nur eine Steuerquelle*, nämlich das (gespeicherte) Einkommen. Aus dieser einen Quelle versorgt der Steuergesetzgeber den Fiskus, was immer er an Steuern erfindet. Auch viele Steuerwissenschaftler finden nicht zu dieser Grunderkenntnis und lassen sich durch die Vielzahl der Steuern verwirren. Sie klassifizieren die Steuern nach äußeren, technischen Anknüpfungen und suchen hinter den einzelnen Steuern mit ihren je eigenen Objekten und ihrer je eigenen Bemessungsgrundlage nach einer besonderen Steuerquelle, dabei auch die verschiedenen *Einkunfts*quellen (Arbeit, Vermögen, Kombination aus beidem, Erbschaft oder Schenkung) nicht immer von der einen *Steuer*quelle unterscheidend. Auf der Erkenntnis, daß es nur eine Steuerquelle gibt, muß ein gerechtes Steuerrecht aufbauen.

Hinzuzufügen ist: Für Unternehmensteuern gibt es nur eine Steuerquelle, den Gewinn. Gewinn ist der Überschuß, den das Unternehmen erwirtschaftet hat.

Nun zur *ethischen Ableitung*: Da das Einkommen die einzige Steuerquelle ist und die öffentliche Hand auf einen Teil dieses Einkommens angewiesen ist, muß ein einheitliches Prinzip, ein einheitlicher Maßstab gefunden werden, nach dem das Einkommen (genauer: das für die Steuerzahlung disponible Einkommen) steuerlich belastet wird.[28] (Von der jeweiligen Erwähnung des Gewinns für den Unternehmensteuerbereich sehe ich ab.) Der einheitliche Maßstab, der zugleich für die Einheit der Steuerrechtsordnung sorgt, ergibt sich nicht schon aus dem empirischen Satz, daß Steuern nur aus dem Einkommen gezahlt werden können. Dieser Satz ist vielmehr offen für verschiedene Maßstäbe.

In der Geschichte der Steuerrechtstheorie und der Steuerpraxis haben als Maßstäbe das Kopfsteuerprinzip, das Äquivalenzprinzip und das Leistungsfähigkeitsprinzip eine Rolle gespielt.

[28] Daß Gerechtigkeit wesentlich in der Anwendung des gleichen Maßstabs besteht, ist die überwiegende Meinung in der ethischen Literatur (Nachweise bei *K. Tipke*, Steuergerechtigkeit in Theorie und Praxis, 1983 S. 9 ff.; *ders.*; Die Steuerrechtsordnung, 1993, S. 281ff.; *F. Bydlinski*, Festschrift für Th. Mayer-Maly, Wien/New York 1996, S. 108, 111, 130 ff.

(1) Nach dem *Kopfsteuerprinzip* zahlt jeder Bürger ohne Rücksicht darauf, ob er Einkommen erzielt und wie hoch sein Einkommen ist, den gleichen Betrag an Steuern. Der Arme zahlt die gleiche Summe wie der Reiche. Dieses Prinzip nimmt weder Rücksicht auf das Existenzminimum und Verpflichtungen gegenüber Dritten, noch entspricht es dem Sozialstaatsprinzip. Es hat von jeher Widerstand hervorgerufen.[29]

(2) Nach dem *Äquivalenzprinzip* hat jeder Bürger aus seinem Einkommen durch die Steuer abzugelten, was er dem Staat an Kosten verursacht (Kostenäquivalenz) oder was er vom Staat an Leistungen erhält, welchen Nutzen er mit anderen Worten vom Staat hat (Nutzenäquivalenz). Auf das Existenzminimum, auf die Familienverhältnisse und auf andere unvermeidbare Belastungen wird keine Rücksicht genommen. Das Prinzip verletzt nicht nur den Schutz des Existenzminimums, den Schutz von Ehe und Familie und das Sozialstaatsprinzip, es läßt sich auch deshalb nicht umsetzen, weil sich nicht messen läßt, welche Kosten der einzelne dem Staat verursacht oder welchen Nutzen er durch staatliche Leistungen hat. Welchen Nutzen hat z. B. der einzelne Bürger vom Wirken des Außenministeriums, der Bundeswehr, der Polizei etc.?

(3) Heute ist weithin, ja weltweit anerkannt, daß das *Leistungsfähigkeitsprinzip* das sachgerechte Fundamentalprinzip für alle Fiskalzwecksteuern ist, nicht für die Lenkungsteuern[30], wie z. B. die Tabaksteuer, die Alkoholsteuer, die Hundesteuer. Das Leistungsfähigkeitsprinzip fragt nicht danach, was der Staat für den einzelnen Bürger getan hat, sondern was dieser für den Staat tun kann. Das entspricht dem Sozialstaatsprinzip.

Dazu läßt sich auch auf die Ethik[31] rechtsstaatlicher (und wohl auch anderer) Verfassungen zurückgreifen. Etliche Verfassungen haben das Leistungsfähigkeitsprinzip expressis verbis verankert, so die Verfassungen von Italien, Spanien, Griechenland, Liechtenstein, mehreren Schweizer Kantonen, Kroatien, Ungarn, der Russischen Föderation, der Türkei, von Brasilien, Algerien, Marokko, Mauretanien.[32] Aber auch in Ländern, in denen die Verfassung das

[29] Dazu *A. Emminghaus*, Art. Kopfsteuer, in: H. Rentzsch (Hrsg.), Handwörterbuch der Volkswirtschaftslehre, 1866, S. 516 f.; *B. Diekmann/D. Schütz*, Die Kopfsteuer als Komponente eines Gemeindesteuersystems, Arch. für Kommunalwissenschaften 1989, 228 ff. Weitere Nachweise bei *K. Tipke*, Die Steuerrechtsordnung, 1993, S. 473 f.

[30] Zur Unterscheidung *K. Tipke/J. Lang*, Steuerrecht, 16. Aufl., 1998, § 4 Rz. 19 ff., 124 ff.

[31] Zutreffend nennt *J. Isensee* die Verfassung den „ethischen Grundkonsens der Nation" (Essener Gespräche zum Thema Staat und Kirche, Heft 11 [1977], S. 93).

[32] Genaue Nachweise bei *K. Vogel/Chr. Waldhoff*, Grundlagen des Finanzverfassungsrechts, 1999, Rz. 725 ff. Die Verfassungen der osteuropäischen Staaten sind gesammelt in: *Herwig Roggemann* (Hrsg.), Die Verfassungen Mittel- und Osteuropas, 1999.

Leistungsfähigkeitsprinzip nicht festgeschrieben hat, wird es oft als Vergleichsmaßstab für die Anwendung des Gleichheitssatzes herangezogen, so auch in Deutschland.[33]

Das Leistungsfähigkeitsprinzip ist das einzige Fundamentalprinzip, das allen Grundrechten von Verfassungen sozialer Rechtsstaaten gerecht wird. Es wird auch allgemein als sachgerecht akzeptiert. Niemand möchte stärker belastet werden als andere in gleichen wirtschaftlichen Verhältnissen; das gleiche Anliegen muß er dann aber auch anderen zugestehen.[34]

1.2 Das sachgerechte Leistungsfähigkeitsprinzip als unbestimmtes, aber bestimmbares Prinzip; wesentlicher Inhalt

Da Steuern nur aus dem Einkommen entrichtet werden können und das Leistungsfähigkeitsprinzip den Maßstab dafür abgeben soll, welcher Teil des Einkommens auf Dauer als Steuer abzuführen ist, ist das Leistungsfähigkeitsprinzip so zu definieren: „Jeder soll Steuern zahlen entsprechend der Höhe seines Einkommens, soweit dieses das Existenzminimum überschreitet und nicht für unvermeidbare private Verpflichtungen verwendet werden muß.“ Dieses Sollen ist durch das empirische Ist, daß Steuern nur aus dem Einkommen entrichtet werden können, vorstrukturiert. Zwar ist der Bürger in Höhe seines gesamten Einkommens *wirtschaftlich* leistungsfähig. Soweit er das Einkommen aber für seine eigene Existenz und zur Erfüllung unvermeidbarer privater Verpflichtungen benötigt, ist das Einkommen für die Steuerzahlung nicht disponibel. Insoweit besteht keine *steuerliche* Leistungsfähigkeit.[35] Da das Leistungsfähigkeitsprinzip darauf angelegt ist, auf Dauer aus dem Leistungsfähigkeit verkörpernden Einkommen zu schöpfen, die Leistungsfähigkeit aber nicht – auch nicht nach und nach – zu *er*schöpfen, darf das Einkommen nur insoweit für Steuerzwecke weggenommen werden, als dies nicht – auf kürzere oder längere Sicht – zur Erschöpfung der Steuerquelle „Einkommen“ führt.

Wie jedes allgemeine Prinzip ist auch das Leistungsfähigkeitsprinzip unbestimmt; es ist aber nicht unbestimmbar. Allerdings kann es bei der Ausführung

[33] S. *K. Tipke/J. Lang*, Steuerrecht, 16. Aufl., 1998, § 4 Rz. 81. – Auch der Steuerbegriff des § 3 Abs. 1 AO entspricht nicht dem Äquivalenz-, sondern dem Leistungsfähigkeitsbegriff („Steuern sind Geldleistungen, die nicht eine Gegenleistung für eine besondere Leistung darstellen“).

[34] Für das Leistungsfähigkeitsprinzip auch *J. Messner*, Das Naturrecht, 7. Aufl., 1984, S. 910 ff.

[35] Dazu ausführlich mit Nachweisen – auch der Gegenmeinung von Steuerökonomen – *K. Vogel*, StuW 1999, 201, 204 f.

des Leistungsfähigkeitsprinzips mehrere vertretbare Lösungen geben. Was im Sinne des Prinzips vertretbar, diskutabel ist, muß – auch vom Bundesverfassungsgericht – hingenommen werden.

Gleichmäßige Besteuerung nach der Leistungsfähigkeit heißt nicht, daß der Fiskus sich überall dort etwas holen darf, wo noch etwas zu holen ist; es geht vielmehr um eine *gleichmäßige* Belastung aller Leistungsfähigen. Besteuerung nach Köpfen und Besteuerung nach Staatsleistungen sind mit dem Leistungsfähigkeitsprinzip nicht zu vereinbaren. Soweit es eine Massenverwaltung im Rahmen des Praktikablen leisten kann, kommt es auf die individuelle Leistungsfähigkeit an, nicht auf die Durchschnitts-Leistungsfähigkeit von sozialen Gruppen. Durch die Inflation entstehende Schein-Leistungsfähigkeit ist nicht zu erfassen. Maßgeblich ist grundsätzlich die Ist-Leistungsfähigkeit, nicht eine potentielle, auf möglichem und zumutbarem Arbeits- und Vermögenseinsatz gegründete Soll-Leistungsfähigkeit (earning capacity). Das schließt Mindeststeuern ohne Rücksicht auf die wahre Leistungsfähigkeit aus.[36] Das Recht, zwischen mehreren Rechtsfolgen zu wählen, ist mit gleichmäßiger Besteuerung nach der Leistungsfähigkeit nicht vereinbar.

Das pure Leistungsfähigkeitsprinzip fragt nur danach, wer in welcher Höhe leistungsfähig ist; zugleich behandelt es qua Gleichheitssatz alle Leistungsfähigen gleich. Das Leistungsfähigkeitsprinzip ist auch eine Klugheitsregel; denn es dort holen zu wollen, wo nichts ist, ist unklug. Der Staatsrechtslehrer *Walter Leisner* hat jeden ethischen Gehalt des Leistungsfähigkeitsprinzips geleugnet und von einem primitiven „Du sollst, denn du kannst!“ gesprochen.[37]

Sicher könnte man – und das mag *Walter Leisner* vorschweben – die Frage für ethisch relevant halten, *warum* jemand leistungsfähiger ist als andere, *warum* er mehr Einkommen erzielt, mehr Vermögen gebildet hat als andere, die vielleicht weniger strebsam und sparsam waren. Man könnte dann noch einen Schritt weitergehen und aufzuklären versuchen, inwieweit der wirtschaftliche Erfolg oder Mißerfolg abhängig ist von den Erbanlagen, von der Erziehung und Ausbildung, von Glück und Pech, von Zufälligkeiten. Man könnte theoretisch auch berücksichtigen, innerhalb welcher Zeit jemand sein Einkommen verdient. Ist es nicht einsichtig, daß es erheblich ist, wenn jemand für ein Monatseinkommen doppelt so viele Stunden gearbeitet hat wie andere?

[36] Es ist m.E. allerdings – als vorübergehende Notlösung – zulässig, von Steuerpflichtigen, die besonders leistungsfähig sind, die die Steuerbemessungsgrundlage aber durch Inanspruchnahme von Steuervergünstigungen so weit reduziert haben, daß die Steuer gegen Null tendiert, eine Mindeststeuer zu verlangen. Notwendig wäre es allerdings, ungerechtfertigte oder nicht mehr zu rechtfertigende Steuervergünstigungen zu streichen, evtl. unter Gewährung einer Übergangsfrist.

[37] *W. Leisner*, Der Gleichheitsstaat, 1980, S. 191f.: „Von der Möglichkeit zum Müssen.“

Die Finanzbehörden wären indessen völlig überfordert, wenn sie solchen Fragen nachgehen müßten. Es wäre auch schon sehr schwer, die Berücksichtigung solcher Faktoren im Gesetz so zu formulieren, daß das Gesetz hinreichend bestimmt wäre. Insbesondere eignet das Steuerrecht sich m. E. nicht dazu, zu bestimmten Soll-Leistungen anzuspornen.

Praktikabel wäre es immerhin, entgegen der Regel „Jede Art von Einkommen ist gleich zu besteuern" zwischen Einkünften aus Arbeit und Einkünften aus Vermögen zu unterscheiden und die Einkünfte aus Vermögen stärker zu belasten als Arbeitseinkünfte mit der Begründung, das Ethos der Arbeit wiege schwerer als das, was in einer Mischung von Glücks- und Geschicklichkeitsspiel die Aktionäre trieben.[38] Eine solche „Veredelung" des Leistungsfähigkeitsprinzips ließe sich jedenfalls in solchen Ländern abstützen, in denen die Verfassung den Wert der Arbeit besonders betont. Nach Art. 1 der italienischen Verfassung von 1947 ist Italien „eine demokratische, auf die Arbeit gegründete Republik". Es gibt auch Verfassungen, die eine Arbeitspflicht vorsehen, so z. B. die Präambel der französischen Verfassung von 1946, Art. 35 der spanischen Verfassung von 1978 und Art. 58 Abs. 2 der portugiesischen Verfassung von 1976. Auch Art. 12 des deutschen Grundgesetzes braucht man nicht gerade als „Recht auf Faulheit" zu interpretieren.

Daß das Leistungsfähigkeitsprinzip keinen ethischen Gehalt habe, nehmen auch die an, die meinen, man dürfe das Leistungsfähigkeitsprinzip überhaupt nicht ethisch verstehen. Ein Subprinzip des Leistungsfähigkeitsprinzips ist das Nettoprinzip; danach müssen Erwerbsaufwendungen (Betriebsausgaben, Werbungskosten) die Bemessungsgrundlage der Einkommensteuer mindern. § 4 V Satz 1 Nr. 10 EStG untersagt aber den Abzug von Schmiergeldern. Dazu meint der Präsident des Bundesfinanzhofs *Klaus Offerhaus*[39]: „Die Einkommensbesteuerung knüpft an die wirtschaftliche Leistungsfähigkeit an; sie ist von moralischen Wertungen unabhängig." Sein Artikel ist bezeichnenderweise fragend überschrieben mit „Moral im Steuerrecht?"

[38] Ökonomen würden sicher bestreiten, daß Aktienbörsen mit Spielkasinos zu vergleichen seien. Immerhin lassen große Kursschwankungen manchmal den Eindruck entstehen, daß Börsen sich völlig von der ökonomischen Wirklichkeit lösen können. Dem Zeitgeist entsprechend kritisierte *Oswald Spengler* 1924 „die Belastung der Arbeit, die Entlastung der Spekulation, die Unterwühlung des unbeweglichen Nationalvermögens zugunsten des heimatlosen Finanzkapitals" (Neubau des Deutschen Reiches, 1924, S. 82). Der NS-Affekt gegen das anonyme Kapital kam in einem Kampflied zum Ausdruck mit dem Text: „Börsengauner und Schieber knechten das Vaterland; wir wollen ehrlich verdienen, fleißig mit schaffender Hand".

[39] *K. Offerhaus*, Moral im Steuerrecht?, Stbg. 1995 Heft 11, S. III, Editorial. Wie Offerhaus im Ergebnis auch *W. Joecks*, DStR 1997, 1025 ff. und seine Schülerin *K. Boldt*, Schmiergelder im Einkommensteuerrecht, Greifswalder Diss. 1999. Das Abzugsverbot mit guten Gründen rechtfertigend *S. Müller-Franken*, StuW 1997, 3 ff.

2. *Welche Steuern entsprechen grundsätzlich dem Leistungsfähigkeitsprinzip?*

2.1 *Zur Einkommensteuer*

Theoretisch ist die Einkommensteuer die Idealsteuer des Leistungsfähigkeitsprinzips. Aber sie wirft auch ungewöhnlich viele theoretische und praktische Probleme auf. Wie definiert man Einkommen? Ist jeder Vermögenszuwachs zu erfassen oder nur Markteinkommen? Vermögenszuwächse in der Privatsphäre lassen sich schwer kontrollieren. Das gilt z. B. für Vermögenszuwächse infolge Eigenversorgung oder Selbsthilfe. Ist das Welteinkommen oder sind nur inländische Einkünfte zu erfassen? Wie kann internationale Doppelbesteuerung des Einkommens vermieden werden? Wie sind Ausländer zu behandeln, die im Inland arbeiten oder Kapital angelegt haben? Ist jedes konsumierbare Einkommen zu erfassen oder nur das für den Konsum bestimmte Einkommen?[40] Sind alle Arten von Einkünften gleich zu behandeln?[41] Darf die Gewinnermittlung für Steuerzwecke wenigstens zum Teil an die Handelsbilanz anknüpfen oder braucht eine Leistungsfähigkeitsbesteuerung eine autonome Bilanz? Wie bestimmt man abziehbare Erwerbsaufwendungen? Sind z. B. die Kosten der Fahrten zwischen Wohnung und Arbeitsstätte Erwerbsaufwendungen? Die Antwort auf die letzte Frage bleibt auch schwer auf der Grundlage einer Kausaltheorie, wie sie die deutsche Steuerrechtswissenschaft entwickelt hat.[42] Dürfen nur Erwerbsaufwendungen von der Bemessungsgrundlage abgezogen werden oder auch unvermeidbare private Aufwendungen, wie Unterhaltszahlungen? Das wird von den Steuerjuristen allgemein bejaht, von Steuerökonomen bestritten. Die Steuerrechtswissenschaftler halten es für unvertretbar, daß etwa ein verheirateter Alleinverdiener mit drei Kindern genau soviel Einkommensteuer zahlen soll wie ein Unverheirateter mit gleichen Einkünften. Ist das Ehegattensplitting oder die Individualbesteuerung der Ehegatten vorzuziehen? Unter den deutschen Steuerrechtswissenschaftlern gibt es entschiedene Apologeten des Ehegattensplittings, das sie allein für verfassungsmäßig halten.[43]

[40] Das ist eine gerade in den letzten Jahren häufig diskutierte Frage (s. statt vieler *Chr. Smekal/ R. Sendlhofer/H. Winner* (Hrsg.), Einkommen versus Konsum, 1999).

[41] Dazu schon oben unter B I 1.2; s. auch *J. Thiel*, Die Zukunft der Einkommensteuer – Einheit oder Pluralismus der Einkünfte, in: Der Fachanwalt für Steuerrecht im Rechtswesen, Festschrift 50 Jahre Arbeitsgemeinschaft Fachanwälte für Steuerrecht, e.V., 1999. Gleichbehandlung wird bejaht von BVerfGE 99, 88.

[42] Dazu *K. Tipke*, Die Steuerrechtsordnung, 1993, S. 617 ff.

[43] Statt aller *K. Vogel*, Besteuerung von Eheleuten und Verfassungsrecht, StuW 1999, 201 mit umfassenden Nachweisen. – Art. 107 I der portugiesischen Verfassung verlangt ausdrücklich,

Fast alle diese Fragen werden nicht nur im Inland kontrovers diskutiert, sondern im Ausland oft abweichend beantwortet. So werden die Kosten der Fahrten zwischen Wohnung und Arbeitsstätte im Ausland überwiegend nicht zum Abzug zugelassen. Österreich und die skandinavischen Länder z. B., auch Australien, ziehen die Individualbesteuerung von Ehegatten dem Splitting vor. Gleichwohl, man muß unterscheiden zwischen verschiedenen vertretbaren Lösungen auf der Grundlage des Leistungsfähigkeitsprinzips und prinziploser Beliebigkeit der Vorschriften aus Gründen politischer Opportunität.

Das Gesamtsteueraufkommen betrug 1997 DM 782 043 Mio., das Einkommensteueraufkommen DM 280 527 Mio., das Umsatzsteueraufkommen DM 240 901 Mio. Von der Einkommensteuer entfielen DM 248 672 Mio. (= 88,64%) auf die Lohnsteuer und nur DM 5763 Mio. (= 2,05%) auf die veranlagte Einkommensteuer, der Rest (= 9,31%) auf Kapitalertrag- und Zinsabschlagsteuer. Das heißt, die Selbständigen, die Vermieter und die Bezieher sonstiger Einkünfte (darunter Rentner, Spekulationsgewinnler und Abgeordnete) haben nur 2,05% der Einkommensteuer aufgebracht. Das indiziert, daß die Einkommensteuerbemessungsgrundlage gröblichst den Grundsatz der Gleichbelastung aller Einkommensteuerpflichtigen verletzt.[44] Verwunderlich wäre es daher nicht, wenn die Arbeitnehmer sich dadurch stark benachteiligt fühlten. Altbundeskanzler *Helmut Schmidt* nennt „den heutigen Zustand unseres Einkommensteuersystems unmoralisch". Die Höhe der Besteuerung von Löhnen im Verhältnis zu anderen Einkommen sei sozial ungerecht, zudem ökonomisch unzweckmäßig.[45]

2.2 *Zur Vermögensteuer und zur Erbschaftsteuer*

Daß auch das Vermögen ein Indikator steuerlicher Leistungsfähigkeit sei und daher besteuert werden dürfe, ist eine noch weit verbreitete Meinung. Sie beruht auf dem Mißverständnis, nach dem Leistungsfähigkeitsprinzip dürften bei den Bürgern solange Steuern erhoben werden, wie „etwas zu holen" sei.

daß die Bedürfnisse und Einkünfte der zum Haushalt gehörenden Personen zu berücksichtigen sind.

[44] Das niedrige Einkommensteueraufkommen kann sich erklären aus Inanspruchnahme legaler (aber vielleicht zum Teil nicht zu rechtfertigender) Steuervergünstigungen und aus Steuerverkürzungen. Im übrigen ist zu berücksichtigen: Erstattungen von Lohnsteuer, Kapitalertragsteuer, Zinsabschlägen, Investitionszulagen und Eigenheimzulage werden zu Lasten der veranlagten Einkommensteuer verbucht. Leider geben die Statistiken nicht an, wie hoch die Lohnsteuererstattungen und die Eigenheimzulagen zugunsten von Arbeitnehmern sind.

[45] *Helmut Schmidt*, Auf der Suche nach einer öffentlichen Moral, 1998, S. 138.

Sicher kann, wer vermögend ist, Steuern zahlen. Es geht aber um *gleichmäßige* Besteuerung nach der Leistungsfähigkeit. Das Vermögen (gespeichertes Einkommen) ist bei seiner Entstehung oder seinem Zufluß schon besteuert worden, nämlich mit der Einkommensteuer. Zwar darf – in verschiedenen Phasen des Wirtschaftskreislaufs – das Einkommen auch zweimal belastet werden, zum Beispiel beim Zufluß mit der Einkommensteuer und bei der Verwendung mit Umsatzsteuer; es läßt sich aber grundsätzlich nicht rechtfertigen, diejenigen, die nicht das ganze Einkommen konsumieren, sondern es zum Teil sparen, mit einer Sondersteuer zu belasten. Eine Vermögensteuer, wenn sie denn doch zu rechtfertigen wäre, müßte bei der Bestimmung des zu belastenden Vermögens konsequent sein. Eine konsequente Vermögensteuer darf zum Beispiel nicht bei Selbständigen das aus Gründen der Altersvorsorge Angesparte belasten, bei Steuerpflichtigen, deren Lebensvorsorge auf öffentlicher Besoldung oder (bei Abgeordneten) Diätierung beruht, den Barwert ihrer soliden oder gar üppigen Versorgungsansprüche aber nicht als Vermögen erfassen.

Es gibt keinen Grund, sich von denjenigen noch einen Nachschlag zu holen, die ihr Einkommen, statt es voll zu konsumieren, zum Teil sparen oder investieren. Wenn A und B gleich hohe Einkommen erzielen, A aber wenig konsumiert und viel spart, während B sich ständig die neuesten Renommierwagen und gelegentlich eine neue Yacht anschafft, im übrigen extravagante Reisen unternimmt, einem Golfclub angehört und ständig private Gäste bewirtet, was könnte es dann rechtfertigen, den sparsamen, genügsamen A mit einer Sondersteuer zu belegen, den ausschweifig lebenden B aber nicht? Wenn jemand genetisch das große Los gezogen und zudem wirtschaftlich Glück gehabt hat, ist das dann ein Grund für eine Umverteilung eines Teils seines Vermögens auf die, die in der Lotterie des Lebens schlecht abgeschnitten haben und meinen, die Herstellung einer *equality of fortune*[46] sei angebracht? Die Finanzämter jedenfalls wären nicht in der Lage, zu prüfen, ob diese Voraussetzungen vorliegen.

Die *Vermögensteuer* ist als Soll-Ertragsteuer auf den Vermögensertrag bezeichnet worden. Das Leistungsfähigkeitsprinzip ist aber ein Ist-Prinzip. Soll-Einkünfte zu erfassen, ist nur als Notlösung zu rechtfertigen, wenn sich die Ist-Einkünfte mit verhältnismäßigen Mitteln nicht ermitteln lassen. In der Realität ist es aber genau umgekehrt: Es sind erfahrungsgemäß die Vermögens-Sollerträge, die sich wegen der Schwierigkeiten der Vermögensbewertung nur unter großem Aufwand, und auch dann nicht gleichmäßig erfassen lassen.

[46] U.a. von *Eric Rakowski* benutzter Ausdruck (Equal Justice, Oxford 1993, S. 97, 319).

Wenn es sich rechtfertigen läßt, Vermögenseinkünfte stärker zu belasten als Arbeitseinkünfte, so mag sich das im Einkommensteuertarif auswirken. Etwas anderes wäre es, besonders große *Privat*vermögen (Gegensatz: Unternehmensvermögen), die auch bei größtem Fleiß niemals erarbeitet worden sein können, unter Berufung auf das Sozialstaatsprinzip mit einer Sondersteuer zu belasten. Zu empfehlen ist *dieser* Weg aber deshalb nicht, weil auch Großvermögen sich nicht gleichmäßig erfassen lassen (Stichworte: Bewertungsschwierigkeiten, Steuerflucht, Schenkung von Vermögen an die Kinder). Eine Steuer, die mit Sicherheit die Steuerehrlichen sonderbelastet, sollte es nicht geben.

Da die Vermögensteuer in Art. 106 II Nr. 1 GG ausdrücklich erwähnt wird, hat das Bundesverfassungsgericht die Vermögensteuer als solche 1993 nicht für verfassungswidrig erklärt (s. dazu unten zu 3.), sie aber in einer Weise zum Torso schrumpfen lassen,[47] daß auf ihre Erhebung verzichtet worden ist, auch in Anbetracht der übermäßig aufwendigen Vermögensbewertung vor allem des Grundbesitzes. Sollte es zu einer Vermögensabgabe für Großvermögen kommen, so würde der Erfolg wahrscheinlich kaum mehr als symbolischen Wert haben: Die Steuerberater der „Bourgeoisie" würden schon wissen, wie man diese Steuer vermeidet. Den Ausfall der Vermögensteuer könnte der Fiskus leicht verschmerzen, wenn die Steuervergünstigungen endlich radikal durchforstet und weitgehend gestrichen würden.

Eine noch bestehende spezielle Vermögensteuer ist die *Grundsteuer*. Sie läßt sich ebenso wenig rechtfertigen wie die Vermögensteuer.[48] Im übrigen: Wenn man das Verfassungsgerichtsurteil zur Vermögensteuer (BVerfGE 93, 121, 138, 140 f.) weiterdenkt, so darf Grundbesitz, der persönliches oder familiäres Gebrauchsvermögen ist, auch nicht mit der Grundsteuer belastet werden.[49] Mindestens die existenznotwendige Wohnung dürfte nicht besteuert werden.

[47] Das Bundesverfassungsgericht verlangt unter Berufung auf Art. 14 GG einen besonderen Schutz des persönlichen und familiären Gebrauchsvermögens (BVerfGE 93, 121, 138, 140 f.). Dadurch soll dem Steuerpflichtigen und seiner Familie der „Freiheitsraum für die eigenverantwortliche Gestaltung des persönlichen Lebensbereichs" gesichert werden (BVerfGE 93, 121, 140 f.). Geschützt sein soll das normale oder durchschnittliche Gebrauchsvermögen im Wert eines durchschnittlichen Einfamilienhauses; dazu zieht das Gericht auch Art. 6 GG heran (BVerfGE 93, 121, 149 f.). – Wenn die Vermögensteuer allerdings nur den Vermögensertrag belasten will und belasten darf (so auch BVerfGE 93, 121 Leitsatz 3, 138; s. dazu unten B I 4), nicht die Vermögenssubstanz – wie das Bundesverfassungsgericht annimmt – dann ist m.E. nicht einzusehen, daß die Substanz im Werte eines Einfamilienhauses geschützt werden muß. Im übrigen soll die Vermögensteuer zusammen mit den übrigen Steuern auf den Ertrag den Sollertrag nur so belasten dürfen, daß es bei einer Belastung „in der Nähe einer hälftigen Teilung" bleibt. Allgemein zur Vermögensteuer-Rechtfertigung *D. Birk* (Hrsg.), Steuern auf Erbschaft und Vermögen, DStJG Bd. 22 (1999), 7 ff.

[48] *K. Tipke*, Die Steuerrechtsordnung, 1993, S. 819; *R. Seer* in K. Tipke/J. Lang, Steuerrecht, 16. Aufl., 1998, § 13 Rz. 202 ff.

[49] *R. Seer* in K. Tipke/J. Lang, Steuerrecht, 16. Aufl., 1998, § 13 Rz. 213.

Die *Erbschaft- und Schenkungsteuer* läßt sich damit rechtfertigen, daß das Geerbte oder Geschenkte die Leistungsfähigkeit erhöht.[50] Das Geerbte oder Geschenkte ist zwar kein Markteinkommen, wirtschaftlich ist es aber auch Einkommen. Es ist zwar schon besteuert worden, aber nicht beim Erben oder Beschenkten. Das Leistungsfähigkeitsprinzip wird im Erbschaft- und Schenkungsteuerrecht allerdings aus gutem Grund in aller Welt durch das Familienprinzip eingeschränkt. Danach hängt die Höhe der Belastung von der verwandtschaftlichen Nähe ab. Vermögen wird nicht zuletzt gebildet, weil es an nahe Verwandte – vor allem an die Kinder – vererbt werden soll. Je stärker dieses Vorhaben durch Erbschaftsteuer behindert wird, desto weniger Vermögen wird gebildet oder dem Finanzamt zur Kenntnis gebracht. Das Bundesverfassungsgericht (2. Senat) hat unter Berufung auf Art. 6 I GG und 14 I 1 GG auch der Erbschaft- und Schenkungsteuer Grenzen gesetzt. Es verlangt nicht nur die gleichmäßige Bewertung aller Vermögensarten, sondern auch die Verschonung des familiären Gebrauchsvermögens und schonende Behandlung von Unternehmensvermögen für den Fall der Unternehmensfortführung durch Erben.[51] Der der Erbschaft- und Schenkungsteuer auch zugedachte Umverteilungseffekt ist daher gering.[52]

Unter dem Leistungsfähigkeitsaspekt ist es nicht gerechtfertigt, nicht nur den Beschenkten, sondern auch den Schenker zum Steuerschuldner zu erklären, wie es § 20 I ErbStG tut. Die Leistungsfähigkeit des Schenkers nimmt ab, nicht zu.[53]

[50] Das hat schon *G. v. Schanz* so gesehen (Studie zur Geschichte und Theorie der Erbschaftsteuer, Finanzarchiv alte Folge Bd. 17 (1900), 553, 672. Näher dazu auch *R. Seer*, Die neue Erbschaft- und Schenkungsteuer, StuW 1997, 283, 284 f.; *J. P. Meincke*, Rechtfertigung der Erbschaft- und Schenkungsteuer, DStJG Bd. 22 (1999), S. 39 ff.

[51] BVerfGE 93, 165, 172, 174 f. Um dem Verfassungsgericht zu genügen, hat der Gesetzgeber durch Gesetz v. 20.12.1996 eine Grundstücksbedarfsbewertung eingeführt, die nach wie vor die Erwerber von Kapitalvermögen benachteiligt und daher weiterhin den Gleichheitssatz verletzt. Für Ehegatten ist der Freibetrag auf 600 000,– DM erhöht worden, für Kinder auf 400 000,– DM (sog. familiäres Gebrauchsvermögen i.S. des Bundesverfassungsgerichts). Nach § 13 I Nr. 4a ErbStG ist die Zuwendung eines *Familienwohnheims* unter Ehegatten steuerfrei. Wegen der Beschränkung auf ein Familienwohnheim (Ungleichbehandlung verschiedener Arten von Vermögen) ist auch diese Vorschrift verdächtig, verfassungswidrig zu sein.

[52] In Art. 107 Abs. 3 der portugiesischen Verfassung ist ausdrücklich bestimmt: „Die Erbschaft- und Schenkungsteuer wird in der Weise progressiv sein, daß sie zur Gleichheit unter den Bürgern beiträgt.“

[53] Zustimmend *J. P. Meincke*, Rechtfertigung der Erbschaft- und Schenkungsteuer, DStJG Bd. 22 (1999), S. 56.

2.3 *Zur Umsatzsteuer, zu den Verkehr- und besonderen Verbrauchsteuern*

Überall in Europa und weithin in der Welt – allerdings noch nicht in den USA – wird neben der Einkommensteuer *Umsatzsteuer* in der Form der Mehrwertsteuer erhoben. Sie läßt sich, sieht man von einer Komplizierung im EG-Bereich ab, einfacher erheben als die Einkommensteuer. Sie ist alles in allem auch weniger hinterziehungsanfällig als die Einkommensteuer. Die Unternehmer dürfen die Umsatzsteuer grundsätzlich auf die Verbraucher überwälzen; die Verbraucher müssen sie tragen, wenn sie nicht überhaupt auf die Leistung verzichten wollen. Für Leistungen an Privathaushalte kommen die Parteien freilich oft überein, daß „ohne Rechnung" geliefert werden soll; das soll heißen: ohne Umsatzsteuer. Sieht man von solchen Fällen ab, so muß, wer die Einkommensteuer hinterzieht, immer noch die auf ihn überwälzte Umsatzsteuer aufbringen. Das Einkommen wird danach zweimal belastet, einmal im Zeitpunkt seiner Entstehung und einmal im Zeitpunkt seiner Verwendung. Sicher liegt die Frage nahe, warum die Umsatzsteuer nicht zugunsten einer entsprechend erhöhten Einkommensteuer aufgehoben wird. Die Antwort ist: Die steuerliche Moralphilosophie oder Ethik kann nicht auf praktische Klugheit verzichten. Sie muß empirisch berücksichtigen, daß die Umsatzsteuer weniger hinterziehungsanfällig ist als die Einkommensteuer und daß eine um die Umsatzsteuer erhöhte Einkommensteuer den Steuerwiderstand erheblich verschärfen würde.

Die Technik der Umsatzsteuer macht es allerdings schwierig, den (auch) im Leistungsfähigkeitsprinzip angelegten Schutz des Existenzminimums zu realisieren. Zwar sind die ärztlichen Leistungen von der Umsatzsteuer befreit (§ 4 Nr. 14 UStG) und werden Lebensmittel ermäßigt besteuert (§ 4 Abs. 2 Nr. 1 UStG); eine konsequent auf den lebensnotwendigen Bedarf abgestimmte Entlastung der Verbraucher von der Umsatzsteuer existiert aber nicht. Die Entlastung würde besser durch eine Vergütung realisiert werden. Eine Reihe von Steuerbefreiungen und -ermäßigungen könnte dann gestrichen werden.

Die *Verkehrsteuern* – aktuell nur noch die *Grunderwerbsteuer* und die *Versicherungsteuer* – beruhen ihrer Idee nach nicht auf dem Leistungsfähigkeitsprinzip, sondern auf einer sogenannten Steuerklugheitsregel: Wem es um den Erwerb einer Immobilie oder den Abschluß einer Versicherung geht, läßt sich erfahrungsgemäß durch eine mäßige Steuer von seinem Vorhaben nicht abbringen, wenn er nicht überhaupt auf das Grundstück oder die Versicherung angewiesen ist. Diese Situation nutzt der Fiskus für sich aus und macht beide am Vertrag Beteiligten zu Gesamtschuldnern der Steuer. „If it moves, tax it!", lautet eine alte englische Steuerklugheitsregel.

Die Grunderwerbsteuer und die Versicherungsteuer ließen sich konsequent in die Umsatzsteuer inkorporieren. Dann müßten Unternehmen, die ein Grundstück erwerben oder eine Versicherung abschließen, auch den Vorsteuerabzug erhalten. Warum auch sollen Unternehmen, die ein Grundstück erwerben oder eine Versicherung abschließen, einen höheren Teil ihres Gewinns als Steuer abführen, als Unternehmen, die andere Betriebsausgaben haben, etwa für die Anschaffung von Maschinen oder Büroeinrichtungen? Eine Maschinensteuer und eine Büroeinrichtungsteuer existiert nicht. Überhaupt: Eine allgemeine Aufwendungsteuer für Unternehmen gibt es nicht. Die Aufwendungen für Grundstücke und für den Abschluß von Versicherungen sind die einzigen Betriebsausgaben, an die eine Steuer geknüpft wird. Die beiden erwähnten Sondersteuern verletzten gegenüber Unternehmen den Gleichheitssatz.[54] Mit einer Leistungsfähigkeitsteuer ist es im übrigen nicht vereinbar, daß beide Vertragspartner zu Steuerschuldnern erklärt werden.

Wenn die Freiheitsrechte des Grundgesetzes es verbieten, Vermögen im Werte eines durchschnittlichen Einfamilienhauses zu belasten, so müßte es konsequenterweise auch unzulässig sein, den Erwerb eines solchen Hauses mit Grunderwerbsteuer zu belegen. Es geht doch wohl nicht an, das bereits erworbene Haus vor Steuerbelastung zu schützen, den Erwerb eines solchen Hauses aber nicht.[55]

Die *besonderen Verbrauchsteuern* – wie die *Kaffeesteuer*, die *Getränkesteuer*, die *Jagdsteuer*, die *Vergnügungsteuer* – verletzen eindeutig den Gleichheitssatz, nämlich das Prinzip gleichmäßiger Besteuerung nach der Leistungsfähigkeit. Sie tragen den Makel der Beliebigkeit und der Inkonsequenz auf der Stirn. Tradition kann die Verletzung des Gleichheitssatzes nicht rechtfertigen. Warum soll, wer Kaffee statt Tee (die Teesteuer ist vor einigen Jahren aufgehoben worden) oder Kakao trinkt, deswegen einen höheren Anteil seines Einkommens als Steuer abführen, als der Tee- oder Kakaotrinker? Warum soll, wer in einem Restaurant ein Getränk statt einer Speise zu sich nimmt, deswegen höher (durch die Getränkesteuer) belastet werden? Warum soll eine Zusatzsteuer zahlen, wer sich harmlos vergnügt, aber nicht, wer sich auf

[54] Zustimmend *A. Schrinner*, Versicherungsteuer als Standortproblem, IFSt-Schrift Nr. 352, 1997, S. 27: Sonderunternehmensteuern seien nicht zu rechtfertigen. Es sei „sogar evident inkonsistent, einen einzelnen betrieblichen Vorgang herauszugreifen und ihn mit einer Sonderlast zu belegen".

[55] Das Bundesverfassungsgericht (1. Senat, 3. Kammer) hat diese Auffassung aber bereits abgelehnt. In der Entscheidung heißt es: Aus den Beschlüssen des 2. Senats des Bundesverfassungsgerichts zur Vermögensteuer und zur Erbschaftsteuer (BVerfGE 93, 121; 93, 165) lasse sich kein allgemeiner Grundsatz der steuerlichen Freistellung des persönlichen Gebrauchsvermögens ableiten (BStBl. 1999 II, 152). Von Konsequenz über eine Steuerart hinaus hält auch der 1. Senat nichts (dazu unten B I 3).

andere Weise aufwendig die Zeit vertreibt, etwa durch eine Weltreise, durch Anschaffung eines Privatflugzeugs oder durch Beteiligung am Flugsport oder am Golfsport? Der Flugsport ist trotz seiner Lärmbelästigung sogar als gemeinnützig anerkannt und wird daher steuerlich entlastet; für den Golfsport gilt das gleiche. Gerade die Advokaten eines „freiheitlichen Steuerrechts" müßten m. E. dafür eintreten, daß die Bürger – ohne Rücksicht auf das Steuerrecht – frei entscheiden können, wie sie ihr Einkommen verwenden wollen. Aber sie können diesen Gedanken nicht denken, weil nach ihrer Meinung die Verbrauchsteuern durch §§ 105 Abs. 2 a, 106 Abs. 1 Nr. 2 Abs. 6 verfassungsrechtlich „abgesegnet" sind (s. unten zu 3).

2.4 *Zur Unternehmensbesteuerung*

Da auch Unternehmen von staatlichen und kommunalen Leistungen profitieren, ist es legitim, auch sie zu besteuern und die Leistungsfähigkeit am *Gewinn*[56] zu messen. *Eine* Unternehmensteuer würde genügen. Die Körperschaftsteuer und die Gewerbesteuer könnten abgeschafft werden. An der Rechtsform eines Unternehmens läßt sich Leistungsfähigkeit nicht messen. Den Unternehmen sollte es ermöglicht werden, Leistungen, die ihnen durch ihre Indienstnahme für den Abzug von Quellensteuern (Lohnsteuer, Kapitalertragsteuer, Zinsabschlagsteuer) entstehen, auf die Steuer anzurechnen.

Im Unternehmensteuerrecht geht es grundsätzlich nicht um Sozialausgleich oder Umverteilung zwischen verschiedenen Unternehmen. Eine Unternehmensteuer sollte vielmehr prinzipiell wettbewerbsneutral sein, d. h. mit einem proportionalen statt mit einem progressiven Tarif arbeiten. Eine unterschiedliche Behandlung der Unternehmen dürfte jedenfalls nicht an die Rechtsform anknüpfen.

Dem geltenden Recht liegt kein geschlossenes System der Unternehmensbesteuerung zugrunde. Die Unternehmensbesteuerung knüpft vielmehr an die zivilrechtliche Rechtsform an. Das führt zu erheblichen Belastungsunterschieden, mit der Folge, daß die Besteuerung zu einem wesentlichen Faktor bei der Wahl der Unternehmensform geworden ist.[57]

[56] In Art. 107 Abs. 2 der portugiesischen Verfassung heißt es ausdrücklich: „Die Besteuerung der Unternehmen wird grundsätzlich deren Realgewinn zugrunde legen."

[57] Dazu ausführlich *R. Seer*, Rechtsformabhängige Unternehmensbesteuerung – Kritische Bestandsaufnahme der derzeitigen Rechtslage, StuW 1993, 114 ff., mit umfassenden Nachweisen. – Eine kritische Erörterung der Unternehmensbesteuerung muß einem Sonderreferat vorbehalten werden.

3. Der abweichende Ansatz des Bundesverfassungsgerichts: Alle in Art. 105, 106 GG aufgeführten oder erfaßten Steuern sind gerechtfertigt

Das *Bundesverfassungsgericht* prüft allerdings nicht, ob eine Steuer dem Prinzip gleichmäßiger Besteuerung nach der Leistungsfähigkeit genügt. Es hält eine Steuer für gerechtfertigt, wenn sie in Art. 105, 106 GG besonders genannt ist oder einer dort genannten Steuerart (z. B. Verbrauchsteuer, Realsteuer) zugeordnet werden kann. Das Ergebnis ist, daß alle real existierenden, tradierten Steuern gerechtfertigt sind, auch die Vermögensteuer, die Gewerbesteuer, die Verkehrsteuern für Unternehmen, die Kaffeesteuer, die Jagdsteuer (auch für Landwirte, die jagen, um ihren Wald vor Verbiß oder ihre Saat zu schützen), auch die Vergnügungsteuer, die Getränkesteuer. Übereinstimmend mit einer von Staatsrechtslehrern[58] vertretenen Meinung geht das Bundesverfassungsgericht davon aus, daß alle in Art. 105, 106 GG genannten oder erfaßten Steuern als solche für eine Prüfung an den Grundrechten tabu seien. Daher ist die Vermögensteuer als solche auch nicht für verfassungswidrig erklärt worden. Aus Art. 105, 106 GG schließt das Bundesverfassungsgericht, daß jeder der von Art. 105, 106 GG erfaßten Steuern eine besondere Steuerquelle zuzuordnen sei und daß der Gesetzgeber die eine Steuerquelle ausschöpfen dürfe, eine gleichartige Steuerquelle aber nicht ausschöpfen müsse. Tatsächlich gibt es jedoch nur eine Steuerquelle, das Einkommen (für Unternehmen: der Gewinn). Einen Beitrag zur „Einheit der Steuerrechtsordnung" liefert diese Auffassung nicht; sie verklärt die inkohärente Steuervielfalt unnötig mit den höheren Weihen des Verfassungsrechts. In Wirklichkeit will Art. 106 GG nur das Steueraufkommen aus den real existierenden Steuern auf Bund, Länder und Gemeinden verteilen. Es gibt keinen einzigen Beleg dafür, daß die Verfassungsväter die von ihnen zum Zwecke der Aufkommensverteilung aufgenommenen real existierenden Steuern je darauf geprüft hätten, ob sie gerecht sind, insbesondere dem Prinzip gleichmäßiger Besteuerung nach der Leistungsfähigkeit entsprechen.[59] Für Art. 105 GG gilt Entsprechendes.

Im übrigen sollte man m. E. davon ausgehen, daß auch der Verfassungsgeber sich an die Grundrechte halten will.[60] Insoweit hat der österreichische Gesetz-

[58] *G. Wacke*, Das Finanzwesen der Bundesrepublik, 1950, S. 62 ff.; *K. Vogel*, in: Festschrift für K. Tipke, 1995, S. 97 ff. mit umfassenden Nachweisen.

[59] Näher dazu *K. Tipke*, Vom Konglomerat herkömmlicher Steuern zum System gerechter Steuern, BB 1994, 437, 439 ff.; *ders.*; Über ungleichmäßige Besteuerung durch kommunale Verbrauch- und Aufwandsteuern, DÖV 1995, 1027 ff. (betrifft Getränkesteuer, Jagdsteuer, Vergnügungsteuer, Zweitwohnungsteuer). Ebenso *Chr. Trzaskalik*, Gutachten E für den 63. Deutschen Juristentag, 2000, S. 45, 57.

[60] So auch *F. Bydlinski*, Festschrift für Th. Mayer-Maly, Wien/New York, 1996, S. 127.

geber Neuland betreten. Da zweifelhaft war, ob die Endbesteuerung (Steuerabgeltung) von Kapitaleinkünften durch eine Kapitalertragsteuer verfassungsmäßig sei, dem Gleichheitssatz entspreche, hat der Gesetzgeber mit verfassungsändernder Mehrheit durch ein „Bundesverfassungsgesetz (sog. „Endbesteuerungsgesetz", BGBl. 1993/11 i.d.F. BGBl. 1993/818) den einfachen Gesetzgeber ermächtigt, die Endbesteuerung einzuführen.[61] Wenn man diesen Gedanken weiterdenkt, könnte die zu Verfassungsänderungen berechtigte Mehrheit überhaupt den Gleichheitssatz oder andere Grundrechte verletzende Steuergesetze mit verfassungsändernder Mehrheit sanieren und so die Grundrechte aushebeln, so daß doch wieder Majorität vor Konstitutionalität ginge.

Da die anderen Mitgliedstaaten der Europäischen Union die Kompetenz für die Steuergesetzgebung und für die Steuerertragsverteilung durch einfaches Gesetz und nicht durch die Verfassung regeln, kann dort auch keine Steuertheorie aufgebaut werden, die dazu führt, daß alle real existierenden Steuern als solche verfassungsrechtlich tabu sind und nur im Binnenbereich einer Steuer geprüft werden darf, ob der Gleichheitssatz oder andere Grundrechte verletzt worden sind. In den Verfassungen der Länder, die eine Orientierung der Steuern am Leistungsfähigkeitsprinzip *expressis verbis* anordnen, bezieht sich dieses Prinzip selbstverständlich auf alle Steuern und wird so zum Fundament der „Einheit der *Steuer*rechtsordnung". Ganz anders der 1. Senat des Bundesverfassungsgerichts, der in einem die Grunderwerbsteuer bestätigenden Beschluß aus Art. 105 f. GG ableitet, daß es kein einheitliches Steuersystem gebe, sondern nur eine Vielzahl von Steuern, daß Steuern nicht aufeinander abgestimmt sein, daß Lücken und Mehrfachbelastungen hingenommen werden müßten, daß es insbesondere keinen Verfassungsrechtssatz des Inhalts gebe, daß persönliches Gebrauchsvermögen von *jeder* Steuer freizustellen sei.[62] Es ist danach also verfassungs*widrig*, die Einheit des Steuerrechts zu denken, ohne die steuerliche Gleichbelastung aber gar nicht denkbar ist. Ein Steuerrechtsdenken, das Konsequenzdenken immer nur im Binnenbereich einer Steuer zuläßt, im übrigen aber Lücken und Doppelbelastungen hinnimmt, soll im Sinne der Verfassung liegen. Eine „Einheit der Rechtsordnung" soll geboten, die „Einheit der *Steuer*rechtsordnung" hingegen wegen Verstoßes gegen Art. 105 f. GG verfassungswidrig sein. Was für eine Verfassung wäre das aber, die zum Ziel hätte, gesamtsteuerlich rationales Denken zu unterdrücken? Sollte unsere Verfassung wirklich die Inkarnation eines tradier-

[61] Dazu *W. Doralt/H. G. Ruppe*, Grundriß des österreichischen Steuerrechts Bd. I, 6. Aufl., Wien 1998, S. 255 f.

[62] BVerfG (1. Senat, 3. Kammer), BStBl. 1999 II, 152, 155 f.; s. auch dieselbe Kammer, BStBl. 1999 II, 509, 511 ff.

ten, primitiven Steuerpartikulariums sein? Der 1. Senat fragt sich so etwas nicht, sondern beruft sich unkritisch auf seine frühere Rechtsprechung. Daß ungerechte, dem Gleichheitssatz widersprechende Steuern auf Zentralstaat, Gliedstaaten und Kommunen verteilt werden, verlangt auch die Idee des Föderalismus nicht. Daher meine ich: So wie der Steuerexzeß an der Gesamtbelastung mit allen Steuern zu messen ist, so muß auch das Messen der Gleichbelastung alle Steuern einbeziehen und diejenigen Steuern eliminieren, die sich für eine Gleichbelastung nicht eignen.

Der Steuerpartikularismus, der sich aus Art. 105, 106 GG ergeben und eine Generalisierung nur im Binnenbereich der einzelnen Steuer zulassen soll, läßt sich auch mit der Bundesstaatlichkeit der Bundesrepublik nicht rechtfertigen. Nur Steuern, die vorher auf ihre Gerechtigkeit geprüft worden sind, dürfen auf Bund, Länder und Gemeinden verteilt werden. Das Sekundäre darf sich nicht vor das Primäre schieben.

4. *Die besondere Steuertheorie Paul Kirchhofs*

Mein Vortrag wäre unvollständig, würde ich unerwähnt lassen, daß *Paul Kirchhof* eine besondere Steuertheorie oder Steuergerechtigkeitstheorie entwickelt hat, die von der von mir vorgestellten weniger in den Ergebnissen[63] als in der Begründung abweicht.[64] Auch *P. Kirchhof* hängt allerdings der Theorie an, daß eine von Art. 105, 106 GG erfaßte Steuer mit ihrer tradierten Bemessungsgrundlage nicht grundrechtswidrig sein, insbesondere den Gleichheitssatz nicht verletzen könne. Außerdem stellt er die Freiheitsgrundrechte (Art. 2; 12 und insbesondere Art. 14 GG) in den Vordergrund. Auch der Schutz von Ehe und Familie (Art. 6 GG) wird besonders betont.[65]

[63] Dazu *P. Kirchhof*, Die Steuerrechtsordnung als Wertordnung, StuW 1996, 3 ff. – Zu P. Kirchhofs Weltanschauung *R. Zuck*, NJW 2000, 2087f.

[64] Dazu auch *J. Lang*, in: *ders.* (Hrsg.), Die Steuerrechtsordnung in der Diskussion, 1995, S. 3 ff., 18 ff.

[65] Im Binnenbereich der Steuern hat *P. Kirchhof* den Gleichheitssatz, das Gebot der Gleichbelastung, jedenfalls wirksamer entfaltet als seine Verfassungsrichterkollegen. Wie sehr er jedoch auf die Freiheitsgrundrechte fixiert ist, ergibt sich (auch) aus folgender Äußerung: Der Konsument „erwirbt eine Zeitung, um seine Informationsfreiheit (Art. 5 Abs. 1 GG) zu betätigen. Er kauft Pinsel und Farben, um seine Kunstfreiheit (Art. 5 Abs. 3 GG) ausüben zu können. Er mietet eine Wohnung um der Unverletzlichkeit der Wohnung (Art. 13 Abs. 1 GG) die faktische Voraussetzung zu geben, oder er beschafft Arbeitsmittel, um die Freiheit der Berufswahl und der Berufsausübung (Art. 12 Abs. 1 GG) ins Werk zu setzen" (in: Steuern im Verfassungsstaat, Symposion für K. Vogel, 1996, S. 51f.). – Abgesehen davon, daß auch in Diktaturen, in denen es weder Informations-, noch Kunst-, noch Berufsfreiheit gibt, in denen auch die Wohnung nicht unverletzlich ist (in Anbetracht der unzähligen Wohnungseinbrüche ist sie das auch hier nur auf dem Papier des Grundgesetzes), ebenfalls Zeitungen gekauft, Bilder gemalt, Wohnun-

Die erste Grundlage der Art. 14 GG-Theorie findet sich in einem 1980 vor der Staatsrechtslehrervereinigung gehaltenen Vortrag über „Besteuerung und Eigentum".[66] Darin wird Art. 14 GG in den Mittelpunkt des Steuerrechts gestellt. Die Eigentumsgarantie des Art. 14 GG nennt *P. Kirchhof* die „magna charta des Steuerpflichtigen gegen ein Abgabenübermaß".[67] Das ist jedenfalls auf den ersten Blick insofern erstaunlich, als Art. 14 GG sich nicht als Steuer-Artikel zu erkennen gibt. Art. 14 II GG, auf den *P. Kirchhof* sich hauptsächlich stützt, lautet:

„Eigentum verpflichtet. Sein Gebrauch soll zugleich dem Wohle der Allgemeinheit dienen".

Wer die Vorschrift unbefangen liest, dürfte an die Eigentumsbeschränkungen zugunsten des Natur- und Landschaftsschutzes, des Umweltschutzes, des Denkmalschutzes, des Mieterschutzes und der bau- und bodenrechtlichen Beschränkungen denken. Es läßt sich auch nicht nachweisen, daß die Urheber der Vorschrift an die Besteuerung gedacht hätten.

P. Kirchhof liest Art. 14 II GG, der in den ausländischen Verfassungen keine Parallele zu haben pflegt, so:

„Eigentum verpflichtet zum Steuerzahlen. Der Gebrauch des Eigentums soll zugleich dem Wohle der Allgemeinheit durch die Zahlung von Steuern dienen".

Daraus soll folgen, daß die Besteuerung grundsätzlich an den Eigentumsgebrauch anknüpfen muß.

Da *P. Kirchhof* oft von der gebräuchlichen steuerrechtlichen Terminologie auf die Art. 14-GG-Terminologie umschaltet, haben an die steuerrechtliche Terminologie gewöhnte Leser erfahrungsgemäß Verständnisschwierigkeiten. Aus „Einkommen" wird nämlich „Eigentumszuwachs", „Zuwachs an freiheitlichem Eigentum" oder „hinzuerworbenes Eigentum" oder „Zuwachs an Eigentümerfreiheit". Aus „Einkommensverwendung" wird „Eigentumsgebrauch", aus „Vermögen" wird „ruhendes Eigentum" oder „Eigentumsbestand". Steuerquelle ist nicht das (gespeicherte) Einkommen, vielmehr ist jede Steuer „Eigentümersteuer". Das Existenzminimum heißt „freiheitsbegründendes Mindesteinkommen".

gen bezogen und Arbeitsmittel beschafft werden: Der Verfasser muß gestehen, daß er sich Zeitungen und Bücher kauft, um sich zu informieren, sich eine Wohnung mietet, um darin zu wohnen, sich Arbeitsmittel anschafft, um seinen Beruf effizient ausüben zu können, ohne dabei ständig an die Freiheitsrechte des Grundgesetzes zu denken. – Von einem preußischen Grenadier wird berichtet, er habe auf die Frage „Zu welchem Zweck benötigen preußische Grenadiere eine Decke?" geantwortet: „*um* die Decke entsprechend der Heeresdienstvorschrift fest rollen und auf dem Tornister festschnallen zu können."

[66] VVDStRL Heft 39 (1981), S. 215–284; s. auch Jura 1983, 505, 507f., 510.

[67] Jura 1983, 505, 507.

Es geht *P. Kirchhof* aber nicht um die Terminologie, sondern um Inhalte. Für ihn ergibt sich aus Art. 14 II GG die „Grundpflicht zur Steuerzahlung“[68], wird das Eigentum oder der Eigentumsschutz zum „steuerrechtsleitenden Prinzip“, die Eigentumsgarantie des Art. 14 GG wird zum „Vorposten im Schutz gegen die Besteuerungsgewalt“ oder den „Zugriff der Besteuerungsgewalt“, zum „Grundrecht gegen die Besteuerungsgewalt.“[69] Im einzelnen wird abgeleitet:

An den „Eigentumsgebrauch“ im Sinne von Art. 14 II 2 GG knüpfen die Verkehrsteuern, die Verbrauchsteuern, die Umsatzsteuer und die Zölle an, wobei Gebrauch im weiteren Sinne als Ge- und Verbrauch verstanden wird. Diese indirekten Steuern sind für *P. Kirchhof* in seinem Vortrag von 1980 „verfassungsrechtlich der Regelfall“.[70] Sie sind zugleich deshalb gerechtfertigt, „weil der Steuerträger die Herrschaft über sein Geldeigentum in Kenntnis der auch von den Steuern abhängigen Preise freiwillig gelockert, sein Eigentum also einer Neubewertung durch die Marktbeteiligten unterworfen und so einen Spielraum auch für eine wertbildende Steuer eröffnet hat“[71]. Sie sind ferner gerechtfertigt, weil sie von Art. 106 GG erfaßt werden. Die entsprechend den EG-Richtlinien schon vor Jahren aufgehobenen Verbrauchsteuern auf Zucker, Salz, Leuchtmittel und Tee entsprachen nicht dem Prinzip gleichmäßiger Besteuerung nach der Leistungsfähigkeit; sie sind nach *P. Kirchhof's* auf Art. 14 II GG gegründetem Verfassungsverständnis aber ideal. Das gleiche gilt für die (m. E. ebenfalls die Gleichmäßigkeit der Besteuerung verletzende) Kaffeesteuer sowie für die Vergnügungsteuer, die Jagdsteuer, die Getränkesteuer und die Zweitwohnungsteuer. Auch sie sollen den Segen der Verfassung haben, weil sie an den „Gebrauch i. S. des Art. 14 II 2 GG“ anknüpfen und durch Art. 105 II a, 106 II Nr. 2 GG gedeckt sind.

Schon bei der Einkommensteuer bereitet der Wortlaut des Art. 14 II 2 GG Schwierigkeiten. Während Vermögenseinkünfte sich noch einordnen lassen als „Ergebnis des Eigentumsgebrauchs“, trifft das für Arbeitseinkünfte nicht zu. Die Arbeitskraft läßt sich nicht als „Eigentum“ verstehen. *P. Kirchhof* hält die Besteuerung der Arbeitseinkünfte gleichwohl für gerechtfertigt, weil „der Maßstab der Eigentümerfreiheit eine Gleichstellung aller wohlerworbenen Rechte“ verlange.[72] Später hat *P. Kirchhof* die Einkommensteuer (und andere Steuern) auch damit gerechtfertigt, daß das Einkommen ein durch die Individualleistung des Bürgers und die Leistung des Staates geschaffenes Gemeinschaftsprodukt sei. Der erwerbende Bürger nutze den staatlich organisierten

[68] JZ 1982, 305, 307.
[69] VVDStRL Heft 39 (1981), S. 215, 226, 227, 245 f., 269, 271.
[70] VVDStRL Heft 39 (1981), S. 242 f., s. auch S. 276.
[71] Jura 1983, 505, 510.
[72] VVDStRL Heft 39 (1981), S. 245 f., 273.

und geförderten Markt sowie die vom Staat kreierte Ordnung.[73] Das erinnert an die Äquivalenztheorie: Der Bürger zahlt Steuern, weil er sein Einkommen dem Staat mitverdankt. Der Staat wird damit einseitig zu einer Wirtschaftsveranstaltung. Seine anderen Aufgaben werden nicht erwähnt.

Eine als Sollertragsteuer konzipierte Vermögensteuer, die auch ertragloses und verlustbringendes Vermögen erfaßt, rechtfertigt *P. Kirchhof* aus Art. 14 II 1 GG, wonach Eigentum verpflichtet.[74]

Das „Eigentum" darf danach besteuert werden „als zum Tausch angebotenes Eigentum" durch die Umsatzsteuer (aber was bietet der Eigenverbraucher zum Tausch an?) und durch die besonderen Verkehr- und Verbrauchsteuern, als „Eigentumszuwachs" durch die Einkommensteuer und als „ertragsfähiger Bestand" durch die Vermögensteuer.[75] Alle real existierenden, überwiegend tradierten Steuern sind damit nicht nur durch Art. 105, 106 GG, sondern auch durch Art. 14 II GG gerechtfertigt.

P. Kirchhof sieht die genannten Anknüpfungen auch deshalb als gerechtfertigt an, weil sie „eigentumsschonend" seien. Wer „liquides Eigentum" (Einkommen) erwerbe oder Eigentum am Markt freiwillig einer Neu- oder Umbewertung unterwerfe und dabei gewinne oder verliere, dem falle das Steuerzahlen zu dieser Zeit relativ leicht, ihm sei nämlich „weniger am Bestand seines bisherigen konkreten Einkommens und mehr an der Freiheit zur Veränderung seines Vermögens gelegen".[76] Empirisch belegen läßt sich diese Annahme nicht. Das Gros der Steuerzahler dürfte sich darüber klar sein, daß die Steuer nicht dadurch entlastend oder schonend wirkt, daß sie in einer bestimmten Phase des Wirtschaftskreislaufs verlangt wird. *Das Steuerzahlen ist zu jeder Zeit lästig* und trifft zu jeder Zeit das gespeicherte Einkommen.

Als Vergleichsmaßstab für die Anwendung des Gleichheitssatzes nennt *P. Kirchhof* nicht das Leistungsfähigkeitsprinzip, sondern die „Freiheit des Eigentümers bei Erwerb, Innehabung und Verwendung von Eigentum". „In diesem eigentumsrechtlichen Gleichheitssatz" soll „die Struktur jedes Steuertatbestandes angelegt" sein.[77] Das heißt aber im Ergebnis: Gleichmäßigkeit der

[73] Gutachten zum 57. Deutschen Juristentag, 1998, S. 14 f., 16 ff.; inhaltsgleiche Formulierung auch in Stbg. 1995, 70; 1998, 387; IFSt-Schrift Nr. 362 (1998), 19; anders noch in StuW 1985, S. 319, 320 und StKongrRep. 1988, S. 29, 31 („finanzielle Leistungsfähigkeit als Steuerbelastungsgrund"); s. nun auch *P. Kirchhof* u. a. (Hrsg.), Steuern im Verfassungsstaat (K. Vogel-Symposium), 1996, S. 39. S. dazu auch *K. Tipke*, Die Steuerrechtsordnung, 1993, S. 528 f.

[74] VVDStRL Heft 39 (1981), S. 245 f.; 273.

[75] VVDStRL Heft 39 (1981), S. 273.

[76] VVDStRL Heft 39 (1981), S. 234; s. auch S. 276. Das erinnert an das „If it moves, tax it" der frühen englischen Besteuerungskunst und an *Adam Smith's* Besteuerungsmaxime „convenience of payment").

[77] VVDStRL Heft 39 (1981), S. 278; s. auch *P. Kirchhof*, StuW 1984, 309 ff.: „Die Eigentumsgarantie als sonderrechtlicher Gleichheitssatz".

Besteuerung bedeutet gleichmäßigen Steuerzugriff auf das erzielte Einkommen, das verbrauchte Einkommen und das Vermögen. Aber dafür braucht man eben doch einen Vergleichsmaßstab. Und als solchen nennt *P. Kirchhof* an anderer Stelle auch das Leistungsfähigkeitsprinzip, jedenfalls für den Binnenbereich der direkten Steuern.[78] Später bezieht er auch die indirekten Steuern ein, spricht aber mit gutem Grund von einem anderen Inhalt des Leistungsfähigkeitsprinzips.[79]

Alles in allem habe ich den Eindruck, daß *P. Kirchhof* das Zentrum des Steuerrechts vom Gleichheitssatz weg- und zu den Freiheitsrechten hinverlagert hat. Das Sozialstaatsprinzip wird von ihm kaum je erwähnt oder „für das Steuerrecht fruchtbar gemacht". Freilich erblickt *P. Kirchhof* in Art. 14 II GG zu Recht einen Ausfluß des Sozialstaatsprinzips.[80]

Im Zeitalter des wirtschaftlichen und rechtlichen Zusammenwachsens der größten Teile Europas ist es m. E. geboten, über die Grenzen hinauszublicken, auch über den nicht eindeutigen Wortlaut unseres Grundgesetzes hinaus in andere Verfassungen hineinzublicken.[81]

Daß die Steuer einen Eingriff in das Eigentum darstellt, ist nirgends bestritten. Aber nirgendwo sonst in Europa wird aus dem Eigentumsschutz eine

[78] StuW 1985, S. 319, 324 („Geltung nur für die direkte Besteuerung"), S. 326 ff. (Das Leistungsfähigkeitsprinzip im Einkommensteuerrecht").

[79] *P. Kirchhof* u. a. (Hrsg.), Steuern im Verfassungsstaat, Symposium zu Ehren von Klaus Vogel, 1996, S. 27 ff., 41.

[80] Auch *M. Lehner*, der in seiner Habilitationsschrift „Einkommensteuerrecht und Sozialhilferecht", 1993, „Bausteine zu einem Verfassungsrecht des sozialen Steuerstaates" liefern will, stellt nicht das Sozialstaatsprinzp, sondern den „freiheitsrechtlichen Ansatz", die „freiheitsrechtliche Weichenstellung", das „freiheitsrechtliche Konzept von Steuergerechtigkeit" in den Vordergrund (S. 337 ff., 361ff., 364 ff.), s. auch *M. Lehner*, in: Festschrift für K. Offerhaus, 1999, S. 117, 126 ff. Deutlich extremer hatte *G. Wacke* 1966 von einem „Grundrecht auf Steuerfreiheit" gesprochen und ausgeführt: „Dies, die Anerkennung eines Verfassungsgrundrechts auf Nichtzahlung von Steuern, ist eine Wendung der Dinge, die selbst denjenigen überraschen muß, der gewissermaßen als Professional seit Jahrzehnten auf die Wahrung rechtsstaatlicher Grundsätze im Steuerrecht bedacht ist ... So ist es ... Wer sich weigert, Steuern zu zahlen, entfaltet seine Persönlichkeit! Daß Steuerzahlen im Grunde widernatürlich ist, daß es ein organisierter Raub sei ..., daß es zumindest grundsätzlich gegen die menschliche Freiheit verstößt, hat man seit der zweiten Hälfte des neunzehnten Jahrhunderts als schlichter Bürger gar nicht mehr zu sagen gewagt" (StbJb. 1966/67, 75, 108).

[81] *K. Zweigert* hat den Gesetzgeber einmal einen „rechtsvergleichenden Eklektiker" genannt (Rabels Zeitschrift 1949/50, 5 ff.). Das trifft auch für das Steuerrecht zu. Es sollte indessen nicht heißen, daß der Gesetzgeber sich das fiskalisch Günstigste aus anderen Steuerrechtsordnungen heraussuchen sollte. Der Blick in andere Verfassungen kann aber lehren, was andere Verfassungen unter einem freiheitlichen, sozialen Rechtsstaat verstehen, und aus der Gefangenheit in der eigenen Verfassung herausführen. – *P. Häberle* bezeichnet die Rechtsvergleichung als die „fünfte Auslegungsmethode" (JZ 1989, 913, 916ff.).

Steuertheorie oder Steuerdogmatik abgeleitet.[82] Das ist schon deshalb nicht möglich, weil sich in anderen Verfassungen Europas keine dem Art. 14 II GG vergleichbare Vorschrift findet.

Daß der Sozialstaat auf die Leistung der freien Wirtschaft und das durch ihre Leistung erwirtschaftete Steueraufkommen angewiesen ist und daß die Steuern einen Eingriff in die Freiheit darstellen, wer wollte es bestreiten? Nur darf man m. E. auch nicht auslassen, daß nur der Staat als die gemeinsame Rechtsmacht seiner Bürger die Freiheit der Bürger gewährleisten und schützen kann. Ohne seine Rechtsordnung, ohne Polizei und Justiz, käme die Freiheit der einzelnen Bürger bald an ihr Ende. Wenn der Staat das Recht auf gleiche Freiheit nicht schützt, gibt es bald keine Freiheit mehr. Zur Erfüllung auch der Aufgabe, die Freiheit zu schützen, ist der Staat aber auf Steuern angewiesen. Ohne die Besteuerung gäbe es für die Bürger nur vordergründig mehr Freiheit, ohne den Staat und die von ihm benötigten Steuern würden die Bürger sich bald mehr und mehr der Gewalt, der Willkür und der Privatjustiz anderer ausgeliefert sehen. Jedermanns Freiheit muß mit der Freiheit anderer koexistieren. Ohne Freiheitseinschränkungen kann es Freiheit und Rechtsfrieden nicht geben. Davon geht auch die nur zu oft vernachlässigte Schrankentrias des Art. 2 I GG aus.[83]

Die Sentenz „Steuern sind der Preis für Freiheit" ist also keine Phrase. Und richtig bleibt auch, was *Robert Wagner*, ehemaliger Bürgermeister von New York sagte: „Steuern sind der Preis der Zivilisation. Im Urwald gibt es keine." Damit ist natürlich noch kein Urteil darüber gefällt, wie weit die Freiheit durch Steuern beschnitten werden darf.[83a]

[82] S. etwa *Alain Steichen*, La justice dans l' impôt, Luxembourg 1994; *Asa Gunnarsson*, Skatterätvisa, Uppsala 1995; *Pedro Herrera Molina*, Capacidad económica y sistema fiscal, Madrid 1998.

[83] Dazu auch *St. Homes/C. Sunstein*, The Costs of Rights. Why Liberty Depends on Taxes, New York 1999; *R. Pipes*, Property and Freedom, New York 1999; *H. Weber-Grellet*, Rechtsphilosophie, 1997, S. 101; s. auch *J. Isensee*, Staat im Wort, in: „Verfassungsrecht im Wandel", 1995, S. 20 (zur Rechtsfriedensaufgabe des Staates).

[83a] Dazu will nicht recht passen, wie *J. Isensee* sich über Steuern und Steuerrecht ausläßt: Die Steuer sei „staatsbürgerliche Notdurft, über die bei Tisch nicht geredet wird". Das Steuerrecht, den „Unterschichten des Normensystems" zugehörig, entzünde nicht jenes Pathos wie das Verfassungsrecht. Es sei „nun einmal leichter, aus dem Prinzip Freiheit rhetorische Funken zu schlagen als aus dem Prinzip Geld ..." (Festvortrag vor der Jahresversammlung des Stifterverbandes für die Deutsche Wissenschaft v. 11.5.1989, S. 16). – Offenbar gibt es auch unter Juristen unterschiedliche Tischsitten. Steuerrechtler reden bei Tisch nicht nur über Steuern, sondern auch über Aktienkurse, offenbar davon ausgehend, daß reale „Freiheit durch Eigentum" mehr wert sei als bloße Freiheitsrhetorik, leeres Freiheitspathos.

5. *Insbesondere: Zur Steuerbelastungsgrenze*

Den Parlamenten war einmal die Aufgabe zugedacht, die Bürger vor hohen oder überhöhten Steuern zu schützen. Heute vertreten – so wird oft kritisiert oder geklagt – die Parlamente nicht mehr das Ideal des sparsamen Staates; sie sind vielmehr der Motor für steigende Staatsleistungen geworden – und damit notwendig zusammenhängend – für hohe Steuern. Schulden können nicht unbegrenzt aufgenommen werden. Früher hielt das Parlament den Finanzminister zur Sparsamkeit an, heute ist es nur zu oft umgekehrt. Vor allem die vor Wahlen abgegebenen Leistungsversprechen pflegen wachsenden Steuermittelbedarf nach sich zu ziehen. „Der Abgeordnete" – so *P. Kirchhof* – habe „sich ... vor allem als Vordenker für Ausgabenprogramme dem Wähler empfohlen". Die stetigen Leistungsversprechungen wirkten „wie eine ständige Voraussage von Steuererhöhungen."[84] In der Tat haben zu viele Politiker in der Vergangenheit versucht, sich vor allem vor Wahlen als *tax- and spend*-Politiker beliebt zu machen. Sie haben die vielen Sozial- oder Gratisbürger *(taxeater)*, die eine Wahl entscheiden können, zu Lasten der Steuerbürger *(taxpayer)* gefüttert.

So liegt die Idee nahe, der Besteuerung durch die Freiheitsrechte der Verfassung Grenzen zu setzen, durch Ergänzung der Verfassung oder durch Verfassungsdeutung; denn in einem freiheitlichen Rechtsstaat sind auch Freiheitsrechte eine Gerechtigkeitskomponente.

Andererseits: Auch der nicht exzessive Sozialstaat benötigt viel Geld. Der Sozialstaat will nämlich nicht nur die Bedürftigen versorgen, sondern über die *égalité en droit* hinaus eine gewisse *égalité de fait* erreichen,[85] vor allem für mehr Chancengleichheit sorgen und den sozialen Frieden erhalten. Er will mehr sein als der Minimalstaat, der nur Freiheit und Eigentum schützt.[86]

Es gibt Verfassungen, die auch die soziale Komponente der Besteuerung besonders hervorheben, indem sie etwa verlangen, daß „das Steuersystem progressiv" zu sein habe. Das tun z. B. die Verfassungen Italiens von 1947 (Art. 53 II) und Spaniens von 1978 (Art. 31 I). Die portugiesische (s. Art. 107 I) und die brasilianische Verfassung (Art. 153 Par. 2 I) schreiben nur die Progressivität von Steuern auf das Einkommen vor. Ob dadurch das ganze „System" progressiv wird, hängt vom *Grad* der Einkommensteuerprogression ab. Aus-

[84] *P. Kirchhof*, IFSt-Schrift Nr. 362 (1998), S. 18.

[85] *A. Steichen*, La justice dans l' impôt, 1994, S. 132.

[86] Dazu *P. Koslowski* u. a. (Hrsg.), Chancen und Grenzen des Sozialstaats, 1983; *D. Höffe*, Politische Gerechtigkeit. Grundlegung einer kritischen Philosophie von Recht und Staat, 1987, S. 469 ff.: „Minimalstaat oder Sozialstaat?"

geprägte sozialstaatliche Steuerbestimmungen finden sich auch in anderen portugiesischen (s. Art. 106, 107) und brasilianischen Verfassungsartikeln (Art. 153ff.). Danach zielt das Steuersystem auch auf eine gerechte Verteilung von Einkommen und Vermögen. Auch die Erbschaftsteuer soll durch Progression zur Gleichheit unter den Bürgern beitragen. Brasilien gehört allerdings zu den Ländern, in denen Verfassung und Verfassungswirklichkeit eklatant auseinanderfallen.

Die Sozialstatistik der EU-Staaten spricht als Indiz mehr oder minder für ein exzessives, das Subsidiaritätsprinzip[87] verletzendes Gebaren. Kindergeld erhalten auch Millionäre. Es werden auch die gut versorgt, die sich nicht selbst helfen wollen, obwohl sie es könnten. Art. 22 III der niederländischen Verfassung verpflichtet Staat und Gemeinden sogar, die Voraussetzungen für die Freizeitgestaltung zu schaffen. Wird alles aus der Sozialarbeiterperspektive gesehen, verwundert es nicht, daß Jungkriminelle auf Reisen in ferne Länder geschickt werden, daß Sozial- oder Gratisbürger (taxeater) überhaupt so demotiviert und verwöhnt werden, daß sie die Sozialleistungen der Arbeit vorziehen und völlig aufhören, sich eigenverantwortlich selbst zu helfen. Die „Sozialgesetzgebung" darf nicht „durch leichtfertige Geschenke" – so *Josef Isensee*[88] – „den Typus des Sozialparasiten züchten und dazu führen, daß Leistungswille und Arbeitsmoral in einem Sozial-Capua erschlaffen". Da die Steuerbürger den sozialstaatlichen Exzessen des Wohlfahrtsstaates verfassungsrechtlich nicht beikommen können, liegt es nahe, der Besteuerung und damit dem Sozialstaat Grenzen zu setzen. Der Sozialstaat ist auf den Steuerstaat angewiesen. Steuern, die nicht eingenommen werden, können für soziale Exzesse nicht ausgegeben werden.

Gegenwärtig wird die Ausgaben- und Einnahmenfreudigkeit freilich gedämpft durch einen internationalen Steuersenkungswettbewerb von Regierung und Opposition (s. unten S. 48).

Das *Konfiskationsverbot*, das auch aus Art. 12, 14 GG abgeleitet wird, greift zu kurz. Es ist für einen auf Privateigentum und freie Wirtschaft gegründeten Staat eine Selbstverständlichkeit. Ein solcher freiheitlicher Staat würde sich seiner eigenen Finanzierungsgrundlage berauben, wenn er die Steuerquelle zum Versiegen brächte. Gerade der soziale Steuerstaat ist darauf angewiesen, daß die Steuerquelle sprudelt, statt erschöpft zu werden.

Gleichwohl gibt es einige Verfassungen, die ausdrücklich eine Konfiskation durch Steuern verbieten, so Art. 31 I der spanischen Verfassung von 1978 und

[87] Dazu *J. Isensee*, Subsidiaritätsprinzip und Verfassungsrecht, 1968.
[88] Essener Gespräche (Fußn. 21), S. 109.

Art. 150 IV der brasilianischen Verfassung von 1988. Unter welchen Voraussetzungen man eine Konfiskation anzunehmen hat, ist allerdings nicht geklärt. Klar ist nur, daß eine Konfiskation vorliegt, wenn die Steuerbelastung so exzessiv ist, daß sie über kurz oder lang zur Aushöhlung oder Abschaffung des Privateigentums führen muß.[89] Ein Staat, der das Privateigentum garantiert, darf nicht zugleich zulassen, daß das Privateigentum durch exzessive Besteuerung ausgehöhlt und schließlich abgeschafft wird.[90] Indessen ist nicht ersichtlich, daß irgendein freiheitlicher Rechtsstaat darauf aus wäre, das Privateigentum durch Besteuerung auszuhöhlen. Es gibt denn wohl auch kein Urteil, das sich mit solcher Konfiskation, überhaupt mit dem Konfiskationsbegriff hätte befassen müssen.[91] In der Literatur wird angenommen, eine Konfiskation liege vor,

- wenn die Besteuerung ein Unternehmen zum Erliegen bringt oder unrentabel werden läßt,
- wenn die Besteuerung den Vermögensertrag ganz aufzehrt,
- wenn die Steuer aus der Vermögenssubstanz gezahlt werden muß,
- wenn die Besteuerung dem Bürger die Mittel für den Lebensbedarf entzieht,
- wenn die Erbschaftsteuer den Bürger erbrechtlich rechtlos stellt.[92]

Steuerbelastungsgrenzen, die nicht erst die Konfiskation verbieten, enthalten die Verfassungen mehrerer Schweizer Kantone.[93] Danach muß

[89] 1848 empfahlen *Karl Marx* und *Friedrich Engels* die Einführung einer schweren progressiven Einkommensteuer als eine der Maßnahmen, durch die nach der ersten Phase der Revolution „das Proletariat seine Vormacht dazu gebrauchen wird, der Bourgeoisie nach und nach alles Kapital zu entreißen, alle Produktionsmittel in den Händen des Staates zu zentralisieren (K. Marx/Friedr. Engels, Ausgewählte Schriften, 2 Bände, 1958, Bd. 1, S. 42). Wohin die Ausführung dieser Empfehlung ca. 140 Jahre später schließlich geführt hat, ist bekannt. Die Theorie ist von der Wirklichkeit gründlich widerlegt worden. Es ist auch erwiesen, daß in den marktwirtschaftlichen Ländern, in denen tatsächlich mehr Ungleichheit herrscht als in den kommunistischen, selbst die Schlechtergestellten einen deutlich höheren Lebensstandard haben als in egalitären Systemen.

[90] Art. 43 Abs. 1 Nr. 2 der irischen Verfassung schreibt im Anschluß an die Garantie des Privateigentums vor: „Der Staat gewährleistet demgemäß, kein Gesetz zu erlassen, das einen Versuch enthält, das Recht auf Privateigentum oder das allgemeine Recht, Eigentum zu übertragen, zu vermachen oder zu erben, abzuschaffen."

[91] Das spanische Verfassungsgericht hat allerdings in einer Entscheidung vom 4.10.1990 (Nr. 150/1990) beispielhaft erwähnt, daß (erst?) ein Durchschnitts-Einkommensteuersatz von 100% konfiszierend wäre.

[92] Dazu *I. Seidl-Hohenveldern*, Internationales Konfiskations- und Enteignungsrecht, 1952; *H. Böckstiegel*, Die allgemeinen Grundsätze des Völkerrechts über Eigentumsentziehung, 1963; *K. Friedrich*, Gibt es eine völkerrechtliche Grenze für die Höhe der Besteuerung?, Diss. Köln 1972.

[93] Zu diesen Begrenzungen auch *Chr. Waldhoff*, Verfassungsrechtliche Vorgaben für die Steuergesetzgebung im Vergleich Deutschland-Schweiz, 1997, S. 289 ff.

- die Gesamtbelastung des Steuerpflichtigen beachtet werden oder tragbar sein,[94]
- der Leistungswille oder Wille zur Einkommensteuererzielung erhalten bleiben,[95]
- die wirtschaftliche Leistungsfähigkeit erhalten bleiben oder sie darf – nach anderer Fassung – nicht überfordert werden,[96]
- die Selbstvorsorge gefördert bzw. es darf die Vermögensbildung nicht geschwächt werden.[97]

Das Leistungsfähigkeitsprinzip gibt nur insofern eine Antwort auf die Frage nach einer Belastungsgrenze, als es die Leistungsfähigkeit *auf Dauer* erhalten wissen will.

Paul Kirchhof hat das Verdienst, wiederholt nachdrücklich darauf aufmerksam gemacht zu haben, daß eine freiheitliche Verfassung der Steuerbelastung Grenzen setzt, die deutlich vor der Grenze des Konfiskationsverbots liegen, daß dem Gebot des Gleichmaßes der Besteuerung ein Verbot des Übermaßes der Besteuerung hinzugefügt werden muß.

Allerdings muß man unterscheiden zwischen unklugem und verfassungswidrigem Handeln der Staatsgewalten. Ein Handeln der öffentlichen Hand ist nicht schon verfassungswidrig, weil es nicht klug und weise ist. Die Grundlage für die verfassungsrechtliche Steuerlastbegrenzung meint *P. Kirchhof* in dem bereits erwähnten Art. 14 II 2 GG gefunden zu haben, in dem es heißt, daß der Eigentumsgebrauch „*zugleich*" dem Wohle der Allgemeinheit dienen soll. Daraus leitet *P. Kirchhof* ab, daß das, was dem Bürger von seinem Ertrag verbleiben muß, und das, was er als Steuer abzugeben hat, „in der Nähe der hälftigen Teilung" liegen muß.[98] Die Formulierungen wechseln. In diese Linie hat sich 1988 in einem Vortrag vor der Deutschen Steuerjuristischen Gesellschaft auch *K.H. Friauf* begeben. Für ihn beginnt die „verfassungsrechtliche Problemzone spätestens dort, wo die 50%-Marke der Gesamtbelastung des erzielten Einkommens in Sicht kommt".[99]

G. Felix hat 1983 vorgetragen:[100]

[94] Uri Art. 60 II, Aargau Art. 119 II, Basel-Landschaft § 133 I b.

[95] Uri Art. 60 II: Solothurn Art. 133 I; Aargau Art. 119 II; Basel-Landschaft § 133 I b; Bern Art. 104 II.

[96] Uri Art. 60 III; Solothurn Art. 133 I; Aargau Art. 199 II; Basel-Landschaft § 133 I d.

[97] Uri Art. 60 III; Solothurn Art. 134 d; Aargau Art. 119 II; Basel-Landschaft § 133 II d.

[98] VVDStRL Heft 39 (1981), 213, 271 f.; Jura 1983, 505, 510; Gutachten F für den 57. Deutschen Juristentag 1981, S. 82; StbJb. 1994/95, 8 f.

[99] DStJG Bd. 12 (1989), S. 8 unten, 9 oben.

[100] *G. Felix*, Harzburger Protokoll 1983, S. 25 f. Die die besteuerungsmoralische Grenze überschreitende Steuerlast soll von den Finanzgerichten für nichtig erklärt werden können (a.a.O. S. 26 ff.).

„Die ethische Analyse der Steuerlastgrenze orientiert sich an dem moralischen Maß der Mitte. Das Maß der Mitte haben uns die alten Griechen geliefert. Bis heute erfreut es sich der allgemeinen Anerkennung. Dieses Moralprinzip hat also eine Ewigkeitsperspektive.“[101]

„Dieses Prinzip ist einsichtig. Der Steuerbürger sollte während seines gesamten Lebens von seinem ererbten Vermögen, dessen Früchten und den Früchten seiner Arbeit und dem daraus gebildeten Vermögen und dessen Früchten unter Anrechnung eines notwendigen Konsums die Hälfte behalten. Jenseits dieser Mitte-Grenze wird aus dem Opfercharakter der Steuer die unmoralische Konfiskation ... Der Ethiker wird in dem mehr als hälftigen Zugriff den Tatbestand der ungerechtfertigten Bereicherung der Allgemeinheit erblicken und damit die verwerfliche öffentliche Wegnahme konstatieren. Diese wird besonders einsichtig, wenn die öffentliche Wegnahme Einkünfte aus Arbeit beschneidet ..., denn in diesem Falle stellt sich die öffentliche Wegnahme als eine verdeckte Zwangsarbeit dar ... „Soweit zwischen Verwandten der Erbschaftsteuersatz 50% überschreitet, wird das besteuerungsmoralische Unwert-Urteil, die zur Verwerfung gesteigerte Verwerflichkeit der Vorschrift aktuell.“

Inzwischen überschreitet das Erbschaftsteuergesetz die 50%-Grenze selbst bei Nichtverwandten nicht mehr.

Die Äußerungen zur 50%-Grenze blieben weitgehend unbeachtet – bis in der Begründung des Vermögensteuer-Beschlusses des Bundesverfassungsgerichts vom 22.6.1995 die erkennbar von *P. Kirchhof* formulierten Sätze auftauchten:

„Die Gesamtbelastung durch eine Besteuerung des Vermögenserwerbs, des Vermögensbestandes und der Vermögensverwendung ist vom Gesetzgeber so aufeinander abzustimmen, daß das Belastungsgleichmaß gewahrt und eine übermäßige Last vermieden wird.“ Und: „Die Vermögensteuer darf zu den übrigen Steuern auf den Ertrag nur hinzutreten, soweit die steuerliche Gesamtbelastung des Sollertrages bei typisierender Betrachtung von Einnahmen, abziehbaren Aufwendungen und sonstigen Entlastungen in der Nähe der hälftigen Teilung zwischen privater und öffentlicher Hand liegt.“[102]

Die Entscheidung ist auch unter Staatsrechtslehrern sehr kontrovers diskutiert worden. *W. Leisner* begrüßt den Beschluß als „Steuer- und Eigentums-

[101] Vielleicht hat *G. Felix* an *Aristoteles* gedacht: „Man muß die Mitte wählen, nicht das Übermaß und den Mangel, da die Mitte durch die rechte Vernunft bestimmt wird“ (Nicomachische Ethik, Buch VI 1). Und *Aeschylos* meinte: „Immer die Mitte ja krönen die Himmlischen“ (Eumeniden, 504). Hätte sich das auch auf die Steuer beziehen sollen, lag der biblische Zehnte viel zu tief.

[102] BVerfGE 93, 121, 135, 138; BStBl. 1995 II, 654, 660, 661 re. Sp.

wende"[103], *K. Vogel* sieht „der Unersättlichkeit des Leviathan" eine „oberste verfassungsrechtliche Grenze gezogen".[104] Er spricht vom „Lichtblick in dieser düsteren Landschaft".[105] Hingegen beurteilt *H. P. Bull* den Beschluß als „Irrweg"[106], und *H. J. Vogel* wirft den Verfassungsrichtern „Gewaltenvermischung" vor, so daß das Parlament prüfen möge, ob es den Beschluß ignorieren könne.[107]

Abgesehen davon, daß nichts dafür spricht, daß das „zugleich" in Art. 14 II 2 GG als „zu gleichen Teilen" verstanden werden müsse:[108] Das Verfassungsgericht geht nicht auf die Frage ein, wie der Halbteilungsgrundsatz sich mit dem progressiven Tarif vereinbaren läßt. Der Halbteilungsgrundsatz verlangt doch von Beziehern kleiner Einkommen ebenso wie von Beziehern großer Einkommen die Hälfte. „Halbteilung für alle" liegt nicht im Sinne des Sozialstaatsprinzips, und es zeigt sich einmal mehr, daß es nicht aufgeht, wenn aus dem Wortlaut des Art. 14 II GG Schlüsse für das Steuerrecht gezogen werden. An die Abschaffung progressiver Steuertarife – die in anderen Ländern sogar durch die Verfassung vorgeschrieben sind – haben die Väter des Grundgesetzes sicher nicht gedacht. Die „Zugleich"-Formel des Art. 14 II 2 GG läßt sich aber auch nicht als Obergrenze verstehen, was *P. Kirchhof* und anderen Autoren wohl vorschwebt. Wenn aber nur eine Belastungsgrenze gesetzt werden soll, dann ist „Halbteilung" dafür kein passender Ausdruck.

Der Blick über den Zaun des Art. 14 GG hinaus auf andere Verfassungen ergibt folgendes: Einige Verfassungen enthalten lediglich den Satz, daß unter bestimmten Voraussetzungen gegen Entschädigung enteignet werden darf (Art. 16 belgische Verfassung; Art. 73 dänische Verfassung; Art. 12 finnische Verfassung; Art. 14 niederländische Verfassung; Art. 62 II portugiesische Verfassung; Kap. 2 § 18 schwedische Verfassung; s. auch schon Art. 17 der fran-

[103] NJW 1995, 2591.

[104] JZ 1996, 43, 44.

[105] NJW 1996, 1257, 1259.

[106] NJW 1996, 281.

[107] NJW 1996, 1505 ff. Die Gewaltenteilung sieht auch *H. Sendler* als verletzt an (s. Festschrift für M. Kriele, 1997, S. 476 f.). In die gleiche Richtung geht die Kritik von *J. Wieland*, in: Guggenberger/Würtenberger (Hrsg.), Hüter der Verfassung oder Lenker der Politik?, 1998, S. 173ff.

[108] In die gleichen Teile müßten auch Eigentumsbeschränkungen durch Natur- und Landschaftsschutz, Umweltschutz, Denkmalschutz und Mieterschutz einbezogen werden. Die Eigentumsbeschränkungen müßten dann quantitativ bewertet und auf die Steuer angerechnet werden. – Im Katechismus der Katholischen Kirche, 1993, heißt es zu Tz. 2404: „Darum soll der Mensch, der sich dieser Güter bedient, die äußeren Dinge, die er rechtmäßig besitzt, nicht nur ihm persönlich zu eigen, sondern er muß sie *zugleich* (Kursivdruck vom Verfasser veranlaßt) auch als Gemeingut ansehen in dem Sinn, daß sie nicht ihm allein, sondern auch anderen von Nutzen sein können ..." In Tz. 2403 wird festgehalten: „Das *Recht auf das Privateigentum* ... hebt die Tatsache nicht auf, daß die Erde ursprünglich der ganzen Menschheit übergeben worden ist. Daß *die Güter für alle bestimmt* sind, bleibt vorrangig ..."

zösischen Erklärung der Menschen- und Bürgerrechte von 1789). Es ist evident, daß daraus steuerlich nichts abgeleitet werden kann. Nach anderen Verfassungen dürfen die Eigentumsrechte „nicht dem allgemeinen Interesse zuwider ausgeübt werden“ (Art. 17 I griechische Verfassung), oder es muß die Ausübung der Eigentumsrechte „mit den Erfordernissen des allgemeinen Wohls in Einklang gebracht werden“ (Art. 43 II Nr. 2 irische Verfassung). Nach Art. 42 II der italienischen Verfassung können durch Gesetz Grenzen des Privateigentums bestimmt werden, „um seine soziale Funktion zu sichern und es allen zugänglich zu machen“. In Art. 33 II der spanischen Verfassung heißt es, daß die „soziale Funktion“ des Eigentums- und Erbrechts „deren Inhalt in Übereinstimmung mit den Gesetzen begrenzt“. Auch Art. 5 XXIII der brasilianischen Verfassung hebt die „soziale Funktion des Eigentums“ hervor. Aus diesen Vorschriften wird aber kein Besteuerungsrecht des Staates abgeleitet. Daß auf gesetzlicher Grundlage Steuern erhoben werden dürfen, ist durchweg in den Verfassungen besonders geregelt. Das Wort „zugleich“ kommt in keiner Verfassung vor, so daß daraus auch keine Schlüsse auf eine Steuerbelastungsgrenze gezogen werden können. Der Luxemburger *Alain Steichen* hat denn auch gemeint, Art. 14 GG konstituiere keine Steuerpflicht. Er sei entgegen *P. Kirchhof* nicht das steuerrechtliche „Weltenei“.[109]

Damit steht aber durchaus noch nicht fest, daß die Steuerbelastung bis an die Grenze der Konfiskation oder Expropriation gehen dürfe, bis zur Grenze der Aufhebung der wirtschaftlichen Freiheit oder Berufsfreiheit. Wenn die freiheitlichen Verfassungen die Privatinitiative, die wirtschaftliche Initiative zumal, gewährleisten, fördern oder begünstigen, wenn sie sich zur Unternehmerfreiheit bekennen und das Privateigentum garantieren, dann folgt daraus, daß auch die Besteuerung diese freiheitlichen Werte respektieren muß, sie aber nicht durch eine exzessive Gesamtsteuerlast antasten darf. Das ist der Fall, wenn durch die Höhe der Gesamtsteuerlast die Privatinitiative wesentlich beeinträchtigt, der Leistungswille der sich – selbständig oder unselbständig – wirtschaftlich Betätigenden untergraben oder wesentlich geschwächt wird. Auch der Leistungswille der Arbeitnehmer wird erfahrungsgemäß nicht erst geschwächt, wenn die Steuerbelastung an das Existenzminimum heranrückt.

Ab welchem Punkt aber die Privatinitiative geschwächt, der Leistungswille wesentlich beeinträchtigt wird, oder ab welchem Punkt das Hinnehmen der Steuerlast in Widerstand umschlägt, ist schwer zu sagen. Daß der *breaking point* bei 50% liege, ist von Finanzwissenschaftlern zwar gelegentlich behauptet oder vermutet, aber nicht nachgewiesen worden. Weithin fehlt es an gesichertem empirischen Material. Abgesehen von der individuellen Mentalität

[109] Festschrift für *K. Tipke*, 1995, S. 371, 372.

dürften auch ethnische Unterschiede in der Fähigkeit, Steuerlasten zu ertragen, bestehen. Daß etwa Nordeuropäer hohe Steuerlasten eher hinnehmen als Südeuropäer, ist eine verbreitete Meinung. Weltweit scheint es jedoch die Natur der Menschen zu überfordern, wenn man ihnen – wie Bienen – alles wegnimmt und ihnen dann nur ein bescheidenes Existenzminimum durch Sozialleistungen sichert. Steuern sollen so bemessen (und verwendet) werden, daß der allgemeine Wohlstand vermehrt und nicht vermindert wird, kann man lesen. Aber wie läßt sich ein solcher Satz konkretisieren? Auch die Finanzwissenschaft kann darauf keine schlüssige Antwort geben, so wenig wie auf die Frage nach der staatlichen Verschuldungsgrenze. Letztlich läßt sich der Wendepunkt nur durch die Methode des *trial and error* testen. Das Verfassungsgericht hat zwar die verfassungsrechtliche Deutungsmacht; so wie es jedoch dem Gesetzgeber einen Freiraum bei der Bestimmung der Steuersätze oder -tarife läßt, muß es m. E. auch *judicial self-restraint* bei der Festlegung einer Obergrenze der Gesamtsteuerlast üben.[110]

Aber auch wenn man die Höchstbelastungsgrenze bei 40%, 50%, 60% oder 70% festlegt, stellen sich bei der Ermittlung dieser Grenze im Einzelfall zur Zeit schier unüberwindliche Schwierigkeiten ein. In der Tat wirft der Halbteilungsgrundsatz „mehr Fragen auf als er löst".[111] Welche Steuern sind bei der Errechnung der Gesamtbelastung zu berücksichtigen?[112] Wie sind auf Überwälzung angelegte Steuern, wie die Umsatzsteuer und die besonderen Verbrauchsteuern, zu behandeln? Regelmäßig werden sie von den Verbrauchern getragen, aber die Verbraucher zeichnen die überwälzte Umsatzsteuer nicht auf. Eine Aufzeichnung – ein Aufwand, der die Umsatzsteuer konterkarieren würde – wird der Gesetzgeber gewiß nicht anordnen. Folglich könnte die Umsatzsteuerbelastung nur geschätzt werden, und zwar nur um den Preis grober Typisierungen mit mehr oder weniger groben Ungerechtigkeiten. Wie verhält es sich mit Steuern, die für Unternehmen Kosten sind und in die Preise eingehen, also – wie die Gewerbeertragsteuer und die Grundsteuer – nach Möglichkeit tatsächlich auch überwälzt werden? Wie verhält es sich mit nicht-

[110] *D. Birk* hält die Bestimmung der Belastungsgrenze für die „ureigenste Aufgabe des Gesetzgebers selbst, der mit der Höhe der Staatsausgaben auch die entsprechende Vorentscheidung über die steuerliche Gesamtbelastung seiner Bürger trifft und dabei eine Vielzahl von Gesichtspunkten zu würdigen und abzuwägen hat ... Die Entscheidung hierüber (über die Gesamtbelastung) hat der Verfassungsgesetzgeber und nicht das BVerfG zu treffen (DStJG Bd. 22 1999, S. 21f.). Damit ist man wieder bei der altbekannten Frage: Darf der Staat frei bestimmen, was er für seine Bürger tun will und daran die Höhe der Steuern orientieren (zu dieser Annahme neigen Sozialisten), oder darf er nur ausgeben, was er ohne Steuerübermaß einnehmen kann (zu dieser Annahme neigen Liberale und Konservative).

[111] *R. Seer*, StuW 1997, 283, 297.

[112] Dazu zuletzt *R. Seer*, DStJG Bd. 23 (2000), S. 118ff. mit vollständigen Nachweisen.

periodischen Steuern wie der Erbschaft- und Schenkungsteuer und der Grunderwerbsteuer? Für die Erbschaft- und Schenkungsteuer ließe sich der Halbteilungsgrundsatz separat umsetzen. Nur, wäre es wirklich ein Fortschritt, wenn für nahe und entfernte Verwandte, für Verwandte und Nichtverwandte einheitlich der Halbteilungsgrundsatz eingeführt würde? Das Bundesverfassungsgericht hat in seinem Erbschaftsteuerurteil das die Nähe zum Erblasser berücksichtigende Familienprinzip doch eigens gerechtfertigt.[113] Wie verhält es sich mit dem Solidaritätszuschlag? Es gibt sogar Autoren, die auch Sonderabgaben, Gebühren und Beiträge, auch Sozialversicherungsbeiträge, in die Gesamtbelastungsrechnung einbeziehen wollen.[114]

Andere Autoren erfassen auch die Kirchensteuer. Und wie verhält es sich mit den nichtfiskalischen Lenkungsteuern wie Tabaksteuer, Alkoholsteuer, Hundesteuer, Umweltsteuern?

Das nächste Problem: Woran soll die Gesamtsteuerbelastung oder Gesamtabgabenbelastung gemessen werden, am Bruttoeinkommen, am Nettoeinkommen, am für die Steuerzahlung disponiblen Einkommen? Wovon man auch ausgeht: Das Einkommensteuergesetz erfaßt nicht das ganze wirtschaftliche, die Leistungsfähigkeit erhöhende Einkommen; es enthält Lücken.[115] Zumindest müßten wohl alle Minderungen der Bemessungsgrundlage durch Steuervergünstigungen dem Einkommen hinzugerechnet werden. Und soll es auf die Jahresperiode ankommen oder darf die Durchschnittsbelastung mehrerer Jahre zugrunde gelegt werden? Schwierigkeiten ergeben sich auch daraus, daß es – außer für Kapitalgesellschaften – keine steuerliche Trennung zwischen Unternehmenseinkünften und anderen Einkünften gibt.

Und wenn sich eine Überbelastung ergibt, welche der über dreißig real existierenden Steuern ist dann zu kappen, eine Bundessteuer, eine Landessteuer, eine Kommunalsteuer oder von allen etwas?

Offenbar läßt sich die Ermittlung der Gesamtbelastung gar nicht praktizieren, solange das durch Art. 105 f. GG geweiht sein sollende sogenannte „Steuersystem" aus einem Konglomerat von direkten und indirekten Steuern, Subjekt- und Objektsteuern, Ist- und Soll-Ertragsteuern, periodischen und nichtperiodischen Steuern, fiskalischen und nichtfiskalischen Steuern besteht

[113] BVerfGE 93, 165, 174. Dazu auch *R. Seer*, StuW 1999, 283, 297.

[114] *H. Butzer*, Freiheitsrechtliche Grenzen der Steuer- und Sozialabgabenlast, 1999, S. 88 ff., 99 ff.; 107 f.; 126 ff.; *L. Schemmel*, StuW 1995, 39, 54 ff. Für die Berücksichtigung auch der Sonderabgaben *R. Mußgnug*, JZ 1991, 993, 998; *W. Leisner*, GewArch, 42 (1996), 129 f. und NJW 1996, 1511, 1514 f.

[115] Zu solchen Lücken die Thesen der Einkommensteuer-Kommission zur Steuerfreistellung des Existenzminimums ab 1996 und zur Reform der Einkommensteuer, BMF-Schriftenreihe Heft 55, 1995; Bericht der Expertenkommission zur Prüfung des Systems der direkten Steuern auf Lücken, erstattet vom Eidgenössischen Finanzdepartement, Bern 1998.

und die fiskalischen Steuern mit einer Vielzahl von nichtfiskalischen Lenkungsnormen verwoben sind. Die Gesamtsteuerlast ist in diesem Konglomerat gut kaschiert, und es wird behauptet, daß dies sogar gewollt sei.

Das Ergebnis: Je mehr man in die Details geht, desto mehr fällt der Glanz von den Schultern der Meister des großen Entwurfs. Es wäre sehr schwer, einen Halbteilungsgrundsatz hinreichend bestimmt und rechtssicher im Grundgesetz zu formulieren. Auch die Aussagen im Vermögensteuerbeschluß sind nicht bestimmt genug, als daß sie von Fachrichtern umgesetzt werden könnten. Die Gerichte der Finanzgerichtsbarkeit sind denn bisher auch nicht auf den Wagen des Halbteilungsgrundsatzes aufgesprungen, haben dabei bisher auch Zuflucht zu formalen Gründen genommen.[116] Ein Senat des Bundesfinanzhofs hat die Anwendung des Halbteilungsgrundsatzes abgelehnt: Eine Begrenzung der Belastung mit Ertragsteuern ergebe sich nicht aus Art. 14 II GG.[117]

Welche Steuern in einer Gesamtbelastungsrechnung zu erfassen sind und woran die Gesamtbelastung zu messen ist und welche Steuer zu kappen ist, könnte nur durch Gesetz geregelt werden. Aber ein solches Gesetz ist offenbar nicht beabsichtigt. Die Regierung mag auch darauf spekulieren, daß andere Verfassungsrichter vom Halbteilungsgrundsatz abrücken, so daß der Anstoß des 2. BVerfG-Senats nur einen „Sturm im Wasserglas" ausgelöst haben würde.[118] Schon 1998 wurde der Halbteilungsgrundsatz mit dem Yeti im fernen Himalaja verglichen: Es soll ihn geben, aber die, die ihn gesehen haben, können nur schemenhaft seine Umrisse erkennen, und Spuren hinterläßt er nur in großer Höhe und auf flüchtiger Materie.[119]

Auch die Advokaten des Halbteilungsgrundsatzes in der Fachliteratur verkennen nicht, daß der Gesetzgeber ihn wohl kaum konkretisieren wird, und zwar nicht nur wegen der Schwierigkeiten der Materie. „Die Begrenzungen müßten von denen beschlossen werden, deren Willkür begrenzt werden soll. Welche Katze würde sich aber selber die Schelle umhängen?" fragen *K. Vogel* und *Chr. Waldhoff*.[120] Es ist nicht zufällig so, daß Verfassungsgerichte nach

[116] S. FG Berlin EFG 1997, 546; FG Düsseldorf, EFG 1998, 378; FG Münster EFG 1998, 1656; BFH BStBl. 1998 II, 671 (dazu *List*, BB 1999, 981); BFH/NV 1998, 361; 1998, 1275; FG Köln EFG 1999, 958.

[117] BFH (XI. Senat), BStBl. 1999 II, 771. Das Urteil ablehnend *J. Lang*, NJW 2000, 457; dem Urteil zustimmend *J. Wieland*, JZ 2000, 357.

[118] *M. I. Thomas*, DStR 1998, 1493.

[119] Zitiert nach *H. Butzer*, Freiheitsrechtliche Grenzen der Steuer- und Sozialabgabenlast, 1999, Vorwort.

[120] *K. Vogel/Chr. Waldhoff*, Grundlagen des Finanzverfassungsrechts, 1999, S. 183. Wie auch *A. Mielke* vermutet, würde es wohl eher zu einer Allparteienkoalition gegen den Halbteilungsgrundsatz kommen (StuW 1994, 237 re. Sp.). Das dürften auch die Autoren vermuten, die bereits Vorschläge gemacht haben, wie man Belastungsgrenzen in die Verfassung aufneh-

Ende einer Diktatur eingeführt werden. Demokratisch gewählte Parlamente stellen sich nicht gern selbst unter die Kontrolle eines Verfassungsgerichts.

Ein Blick über die Grenzen lehrt auch dies: Nach niederländischem und nach spanischem Steuerrecht dürfen Einkommensteuer und Vermögensteuer zusammen nicht zu einer höheren Belastung führen als zu 75% (Niederlande) bzw. 70% (Spanien) des belastbaren Einkommens.[121] In Schweden liegt diese Grenze bei 75,5%, in Dänemark bei 73,5%. Der Grenzsteuersatz allein der Einkommensteuer beträgt in Finnland 67,6%. Es wäre aufschlußreich gewesen, wenn das deutsche Verfassungsgericht auch erläutert hätte, warum das deutsche Grundgesetz abweichend von der Rechtslage in anderen Rechtsstaaten solche Belastungen nicht toleriert, warum die niederländische und die spanische Lösung nach deutschem Verfassungsrecht unvertretbar sind.

Unter den gegebenen Umständen dürfte auch die Frage erlaubt sein: Wie dringend ist eine verfassungsrechtliche Steuerlastbegrenzung für den einzelnen Bürger eigentlich?

men könnte. Das *Karl-Bräuer-Institut des Bundes der Steuerzahler* möchte Art. 105 GG um folgende Bestimmung ergänzt wissen: „Überbelastungen der Steuerpflichtigen sind zu vermeiden“ (Verfassungsgrenzen für Steuerstaat und Staatshaushalt, Heft 75 der Institutsreihe, 1992). Aber ein solcher Appell wäre wohl zu wenig und zu unbestimmt. *Uwe H. Schneider* hat folgende Verfassungsbestimmung vorgeschlagen: „Die direkten Steuern dürfen ... % des Einkommens nicht übersteigen“ (StuW 1994, 58). Aber die Gemeinsame Verfassungskommission von Bund und Ländern, die sich mit der Aufnahme von Staatszielbestimmungen in das Grundgesetz befaßt hat (s. BT-Drucks. 12/6000 v. 5.11.1993), hat steuerliche Verfassungsgrenzen nicht beschlossen. Für eine konstitutionelle Begrenzung der Steuerbelastung auch *H. Feldmann*, StuW 1998, 114 ff. Er möchte durch Art. 105 GG die Belastung mit direkten Steuern auf ein Drittel des verfügbaren Einkommens begrenzt wissen und vorgeschrieben wissen, daß die Gesamtbelastung mit Steuern ein Viertel des Bruttosozialproduktes nicht übersteigen darf. In der *Schweiz* tritt die Partei der „Freisinnigen“ dafür ein, in die Bundesverfassung die Vorschrift aufzunehmen, daß die Bundessteuern in den nächsten sieben Jahren insgesamt nicht steigen dürfen. Überhaupt hat die Forderung nach Begrenzung der Steuerlast nicht wenige Sympathisanten. Der österreichische Autor *P. Wolf* definiert Steuergerechtigkeit so: „Ein gerechtes Steuersystem ist ein solches, dessen direkte Steuern progressiv am Einkommen orientiert sind, mehr als 50% des Gesamteinkommens stellen und einen Höchststeuersatz von 35% nicht überschreiten (*P. Wolf*, Kann unser Steuersystem für Gleichheit und Gerechtigkeit sorgen?, Finanz-Journal 1993, 204, 234).

[121] Nach niederländischem Recht dürfen Einkommensteuer und Vermögensteuer 75% (später 68%) des besteuerbaren Einkommens (belastbare inkomen) nicht überschreiten (art. 14 lid 5 Wet Vermogensbelasting 1964; dazu *G. Trines*, De 75%-regeling, Weekblad voor fiscaal recht 1990, 1801. Eine solche Regelung existiert auch in Spanien. Nach Art. 31 Ley del Impuesto sobre el Patrimonio schreibt folgende Restriktion vor: „La cuota integra de este Impuesto conjuntamente con la correspondiente al Impuesto sobre la Renta de las Personas Fisicas no podra exceder, para los sujetos pasivos sometidos al impuesto por obligacion personal, del 70 por 100 de la total base imponible de este ultimo.“ Auch wenn die Höchstsätze zu hoch festgesetzt sein mögen, die Errechnung der Gesamtbelastung aus Einkommen- und Vermögensteuer läßt sich wenigstens praktizieren. – *Alvaro Rodriguez Bereijo*, früher spanischer Verfassungsrichter, vertritt die Auffassung, daß die Beschränkung von Einkommen- und Vermögensteuer auf 70 v. H. des Einkommens verfassungsrechtlich nicht geboten sei.

Was die Belastung der Unternehmen betrifft: Die Großwirtschaft der Industrieländer konkurriert mehr oder minder global, die deutsche Wirtschaft weithin besonders im Wirtschaftsraum der Europäischen Union. Unternehmen und Finanzkapital sind mobil und fähig abzuwandern. In allen Industriestaaten beobachten die Lobbies der Wirtschaft, in welcher Weise die Unternehmen anderer Länder steuerlich belastet sind. Da Steuern Kosten sind, führt der Wirtschaftswettbewerb auch zum Wettbewerb um die niedrigsten Steuern; die Gesetzgeber geraten dadurch unter Anpassungsdruck nach unten. So entsteht ein *Steuersenkungswettbewerb*, dem sich auch linke Regierungen und Parlamente nicht entziehen können. Auch die deutsche rot-grüne Regierung hat versprochen, die Unternehmensteuern (die Gewerbeertragsteuer eingeschlossen) auf 35% des Gewinns zu senken, um die Konkurrenzsituation der deutschen Unternehmen, überhaupt die Situation des „Wirtschaftsstandortes Deutschland" zu verbessern. Zu dem internationalen Steuersenkungswettbewerb kommt zur Zeit der nationale Steuersenkungswettbewerb zwischen Regierung und Opposition hinzu.

In den Beziehungen der Industrieländer untereinander gibt es allerdings nicht nur lauteren, sondern auch unlauteren Steuerwettbewerb, *harmfull tax competition*. So werden Steuervergünstigungen für Ausländer geschaffen, durch die Investoren und Kapitalanleger aus dem Ausland angelockt werden sollen, auch um den Preis der Steuerhinterziehung im Mutterland.

Der folgende Vortrag des Schweizer Bankiers *Hans-Dieter Vontobel* zeigt, wie schlecht es noch um eine internationale Steuerkooperation bestellt sein kann: Wenn Steuern und Sozialabgaben – so Vontobel – 50% übersteigen, habe der Bürger zwar immer noch die Legalität gegen sich, die Legitimität aber für sich. Das gelte um so mehr, als der Staat nur noch mit Mühe für Sicherheit sorge und kaum noch ein Gefühl von Heimat vermittle. Einer der kräftigsten Trümpfe des Finanzplatzes *Schweiz* bestehe dahin, daß er den Diskretion suchenden Vermögen Asyl biete. Es sei in höchstem Maße vertretbar, Vermögenswerte von fiskalisch Verfolgten anderer Länder vor dem Zugriff ihrer Behörden zu schützen. Wer mehr als 50% seiner rechtmäßig erworbenen Einkünfte als Steuern und Abgaben weggeben müsse, sei faktisch ein Staatssklave und bedürfe besonderer Anteilnahme und Hilfe. Die Schweiz könne einen wichtigen Beitrag leisten zur Disziplinierung der faktisch außer Rand und Band geratenen Politiker und der von ihnen geschaffenen absurden Umverteilungsmaschinerie.

Es entspricht nicht der *internation equity*, wenn sich die Staaten die Steuerzahler mit dem Versprechen abjagen, weniger Steuern zahlen zu müssen. Kapital kann sich dem Zugriff der Steuer leichter entziehen als Arbeitskraft. Arbeit kann nur lokal agieren, Kapital auch global. Weicht das Kapital, angelockt durch das Versprechen, unterhalb der Leistungsfähigkeit besteuert zu werden, ins Ausland aus, führt das dazu, daß die arbeitenden Durchschnittsbürger immer stärker belastet werden. Faire internationale Abkommen, die einen fairen Wettbewerb ermöglichen, sind daher nötig. Der Wettbewerb der Wirtschaftssubjekte muß mit guten Leistungen betrieben werden, nicht mit Steuervorteilen.

Da die Tarife von Unternehmen- und Personensteuern nicht zu weit auseinanderfallen dürfen, bleibt es auch nicht aus, daß mit der Körperschaftsteuer auch die Einkommensteuer gesenkt wird, auch in der Erwartung oder Hoffnung, daß die Leistungsbereitschaft zunimmt. Den Höchstsatz der Umsatzsteuer gibt eine EG-Richtlinie vor.[122]

Auch rot-grüne Politiker wissen inzwischen nicht nur, daß die Hühner, die man schlachtet, keine Eier mehr legen[123]; sie wissen auch, daß hohe Steuern die Schattenwirtschaft und die Steuerflucht fördern und daß sich dagegen wenig unternehmen läßt.

Auch rot-grüne Politiker betonen heute den Wert der Selbstverantwortung in Freiheit, die positive Rolle des Marktes und die Notwendigkeit, zu unternehmerischer und privater Initiative anzuspornen. Sie treten für den Abbau von Subventionen, für die Beseitigung bürokratischer Wirtschaftshemmnisse, für die Kürzung von Sozialleistungen sowie für Steuersenkung, überhaupt für die Ideen der sozialen Marktwirtschaft ein; sie entdecken das Subsidiaritätsprinzip. Die Zeit, in der ein Wirtschaftsminister *Karl Schiller* jungen Parteifreunden zurufen mußte: „Genossen, laßt die Tassen im Schrank!" ist Vergangenheit. Nach der Beobachtung von *David Henderson* ist Liberalisierung heute kaum noch eine Frage des politischen Spektrums; sowohl rechte als auch linke Regierungen trieben den Liberalisierungstrend voran.[124] Oder sie versuchen es jedenfalls – gegen eine bestimmte Wählerklientel.

Der Anteil der Steuern auf Einkommen, Unternehmens- und Kapitalgewinne hat nach der Statistik der OECD für 1996 in Deutschland (ohne Lohnsteuer) 10,8% des Bruttoinlandsprodukts betragen (1980: 13,4%). Damit liegt Deutschland günstiger als die USA, Großbritannien und die Niederlande.

[122] In der steuerpolitischen Literatur ist übrigens auch schon behauptet worden, daß Steuererhöhungen zu noch höheren Leistungen anspornten, weil der Lebensstandard trotz der höheren Steuern gehalten werden solle (dazu *Chr. Scheer*, Steuerpolitische Ideale – gestern und morgen, in: Steuersysteme der Zukunft, Jahrestagung 1996 des Vereins für Socialpolitik, Bd. 256 der Vereinsschriften, 1998, S. 162).

[123] „Wann Hühner gar geschlachtet werden. So legen sie nimmer Eyer" wird *Jakob Bornitz* (1612) zugeschrieben. Dieser und ähnliche Sinnsprüche sind nachgewiesen von *Chr. Scheer*, in: G. Krause-Junk u. a. (Hrsg.), Steuersysteme der Zukunft (Fußn. 122), S. 160.

[124] *David Henderson*; The Changing Fortunes of Economic Liberalism – Yesterday, Today and Tomorrow: Inst. of Economic Affairs, London 1998.

Die deutsche Steuerquote – das ist der Anteil der Gesamtsteuereinnahmen am Bruttoinlandsprodukt – hat nach der Statistik 1996 in Deutschland 22,6% betragen. Zum Vergleich: Großbritannien: 29,8%; Italien: 28,5%; Niederlande: 26,1%; Frankreich: 26,0%; Spanien: 21,8%; USA: 21,5%; Japan: 18,1% – 1998 lag die deutsche Steuerquote bei 22,1%, um 1,2% *unter* dem Niveau von 1988.

Wie dem aber auch sei, die liberalen Ökonomen *Friedrich A. von Hayek*, *James M. Buchanan* und *Milton Friedmann* – alle Nobelpreisträger – würden an *Paul Kirchhofs* als Steuerlastobergrenze verstandenen „Halbteilungsgrundsatz" wohl ihre „helle Freude" haben bzw. gehabt haben.

Und es ist wohl auch bald damit zu rechnen, daß Steuerpflichtige sich im Steuerstrafverfahren darauf berufen, sie hätten nur exzessive, den Halbteilungsgrundsatz verletzende Steuern verkürzt.[125]

6. *Zur Rechtfertigung von Lenkungsteuern*

In aller Welt „wird mit Steuern gesteuert". Es gibt Steuern, die hauptsächlich einen Lenkungszweck haben, wie z. B. Alkoholsteuern und Tabaksteuer, Umweltsteuern, Hundesteuer. Sie werden Lenkungsteuern, Sozialzwecksteuern oder nichtfiskalische Steuern genannt. Hätten sie allerdings keinen fiskalischen Nebenzweck, so wären sie keine Steuern. Außerdem ist eine Vielzahl von einzelnen Lenkungsnormen in die einzelnen Steuergesetze eingebaut. Solche Sondervorschriften haben z. B. finanzpolitische, wirtschaftspolitische, sozialpolitische, wohnungsbaupolitische, kulturpolitische, verkehrspolitisiche, gesundheitspolitische oder umweltpolitische Hauptzwecke. Wer den Tatbestand von Lenkungsteuern erfüllt, zahlt mehr Steuern. *Am Prinzip gleichmäßiger Besteuerung nach der Leistungsfähigkeit orientieren sich solche Steuern mit Recht nicht.* Die meisten Einzellenkungsnormen hingegen sind Steuervergünstigungen. Wer sich ihnen entsprechend verhält, zahlt weniger Steuern, als er nach dem puren Leistungsfähigkeitsprinzip zu zahlen hätte.

Daß die deutsche Steuerlastquote relativ niedrig liegt, ist vor allem auf die vielen Steuervergünstigungen zurückzuführen. Nur, abgesehen davon, daß Laien durch den Wust von Vergünstigungen schwerlich hindurchfinden: In der Regel kann Vergünstigungen nur in Anspruch nehmen, wer bereits über Kapital verfügt. Der progressive Einkommensteuertarif führt im übrigen dazu, daß der Steuervorteil mit der Höhe des Einkommens wächst, wenn die Vergünsti-

[125] Dazu W. *Bornheim*, StuW 1998, 146 ff.

gung in einer Reduzierung der Bemessungsgrundlage besteht. Die Steuerpflichtigen mit dem Spitzensteuersatz von 53% haben den größten Vorteil.[126] Von vielen Steuerpflichtigen, die lesen, daß Millionäre wegen der Inanspruchnahme von Steuervergünstigungen kaum noch Steuer zahlen, wird das Steuervergünstigungswesen verständlicherweise als grob ungerecht empfunden. „Wir alle können von haarsträubenden sozialen Ungerechtigkeiten aus den Steuerakten berichten ... Wenn es das Steuergeheimnis nicht gäbe" – so die Deutsche Steuer-Gewerkschaft – „wäre die Revolution in Deutschland schon längst ausgebrochen". Mag das auch übertrieben sein, so würde es nach weit verbreiteter Meinung doch gerechter sein, alle Steuervergünstigungen zu streichen und das Mehrsteueraufkommen dazu zu verwenden, die Steuersätze *für alle* zu senken. Es gibt nicht nur Steuerjuristen[127] , die sich dafür aussprechen, sondern auch viele Ökonomen.[128]

Freilich gibt es auch Ökonomen, insbesondere Interessenvertreter, die behaupten, nicht ein gerechtes, sondern ein ökonomisch optimales Steuerrecht sei anzustreben. Das werde zur Folge haben, daß es allen Bürgern besser gehe als unter der Last gerechter Steuern. Aber der Beweis für die Richtigkeit dieser These ist noch nie und nirgends geführt worden. Wer wirtschaftspolitisch motivierte Steuervergünstigungen auf ihre Rechtfertigung überprüfen will, hat es nicht hauptsächlich mit den oft divergierenden Meinungen von Wirtschaftswissenschaftlern[129] zu tun, sondern mit dem Widerstand von Interessen verfolgenden Politikern und Lobbyisten. Zu einer freien Marktwirtschaft passen Steuervergünstigungen und Subventionen nicht. Sie verzerren und verfälschen den Wettbewerb und nehmen von den Unternehmen den Druck, ihre Leistungen zu verbessern und die Kosten zu senken.

Das Steuerrechtsdenken vieler Politiker ist, abgesehen davon, daß es auf Wählerstimmen zielt, überhaupt stark ökonomisiert worden, zu viele Politiker

[126] Dazu auch *M. Rodi*, StuW 1994, 204, 214.

[127] Dazu *R. Kreile*, Wege und Irrwege der Abschreibungsgesellschaften, DStR 1976, 282. Im Einkommensteuergesetzentwurf von *J. W. Gaddum* (Steuerreform: einfach und gerecht! Für ein besseres Einkommensteuerrecht, 1986) und im Entwurf eines Steuergesetzbuches von *J. Lang* (Schriftenreihe des BMF Heft 49, 1993) sind alle Steuervergünstigungen gestrichen; ein von allen Ausnahme- und Sonderbestimmungen befreites Einkommensteuergesetz käme mit etwa 15% des jetzigen Textumfangs aus; s. dazu auch *M. Rodi*, StuW 1994, 213; *L. Schemmel*, StuW 1995, 39, 43 f.; *P. Kirchhof*, Stbg. 1995, 76.

[128] Dazu *F. Neumark*, Wirtschafts- und Finanzprobleme des Interventionsstaates, 1961; *H. Haller* u. a. (Hrsg.), Theorie und Praxis des finanzpolitischen Interventionsstaates, Festschrift für F. Neumark, 1970; *D. Pohmer*, Die Steuern als Instrument der Staatsfinanzierung oder der Wirtschaftslenkung? – Steuerpolitik im Spannungsfeld widerstreitender Ziele, DStZ 1993, 577; *Helmut Schmidt*, Auf der Suche nach einer öffentlichen Moral, 1998, S. 137 f.

[129] Auch von Wirtschaftswissenschaftlern wird gesagt: „Um drei verschiedene Meinungen zu vertreten, braucht es nur zwei Wirtschaftswissenschaftler".

sehen im Steuerrecht ein Vehikel für ökonomische Gestaltung und vernachlässigen den Rechtsgedanken. Da gibt der Finanzminister einer Kommission den Auftrag zu untersuchen, wie das Steuerrecht mit dem Ziel zu Investitionsanreizen und zur Schaffung von Arbeitsplätzen verbessert werden könne, oder es untersucht eine andere Kommission, wie der Faktor Arbeit steuerlich entlastet, wie das Kapital, der Energie- und der Verkehrssektor optimaler besteuert werden könnten.

Viele Politiker bevorzugen Steuervergünstigungen vor direkten Subventionen, weil Bürger durch Steuervergünstigungen erfahrungsgemäß stärker motiviert werden als durch direkte Subventionen (das zeigt einmal mehr, was das Steuersparen vielen bedeutet, auch wenn der Vorteil eher geringer sein mag als der einer direkten Subvention) und weil Steuervergünstigungen die Steuerquote senken, direkte Subventionen aber nicht. Der Nachteil von Steuervergünstigungen besteht darin, daß sich oft schwer voraussagen läßt, ob das Vergünstigungsziel erreicht werden wird; zu oft führen sie zu Fehlinvestitionen.[130]

In den neuen Bundesländern haben Sonderabschreibungen von 50%[131] einen wirklichen Bauboom ausgelöst. Aber die Steuervergünstigung ist für die meisten Anleger davon abhängig, daß Manager Abschreibungsgesellschaften oder Immobilienfonds organisieren, nur zu oft ohne Rücksicht auf Nachfrage, Wertzuwachs und Ertrag. So haben allzu viele durch den Verlust eingesetzten Kapitals und durch Nachschüsse mehr verloren als gewonnen. Dafür und für die Ressourcenverschwendung trägt der Staat erhebliche Mitverantwortung. Als im Wahlkampf empörte Bürger wissen wollten, wie es zu erklären sei, daß Millionäre kaum Steuern zahlen, nannten Politiker Steuerpflichtige, die sich von Steuervergünstigungen dem Zweck der Vergünstigungen entsprechend zu Investitionen hatten verlocken lassen, Abschreibungstrickser, Schlupflochspekulanten o. ä. und suggerierten, die Inanspruchnahme der von den Politikern selbst geschaffenen Vergünstigungen sei illegitim oder gar illegal.

Da hinter fast jeder Vergünstigung eine Lobby steht, die zumindest den Besitzstand wahren will und sich dazu auf „Vertrauensschutz" oder „Übergangsgerechtigkeit" beruft, fällt es Politikern schwer, Steuervergünstigungen abzuschaffen. So wird geschätzt, daß in Deutschland mittlerweile bis zu ca.

[130] Auch die Landeswohnungs- und Städtebaugesellschaft Bayern (Aufsichtsrat: der bayerische Justizminister) hat zwischen 1994 und 1998 durch Immobiliengeschäfte in Ostdeutschland Millionenverluste (die Zeitungen berichteten von Verlusten von 367 Millionen DM) erlitten. Die Gesellschaft hatte sich für Projekte in ungünstiger Lage entschieden, mit viel zu hohen Miet- und Verkaufserlösen gerechnet und schließlich unwirtschaftliche Notverkäufe vorgenommen. – Die Hereingefallenen sind also nicht nur Ärzte.

[131] S. *K. Tipke/J. Lang*, Steuerrecht, 16. Aufl., 1998, § 20 Rz. 20.

290 Milliarden DM im Jahr – das ist mehr als ein Drittel des gesamten Steueraufkommens – in Subventionen fließen.[132]

Eine Entscheidung eines Finanzgerichts, des Bundesfinanzhofs oder des Bundesverfassungsgerichts, das dem Subventionsunwesen irgendwelche Grenzen gesetzt hätte, ist mir nicht bekannt. Allerdings hat das Bundesverfassungsgericht in einem 1997 entschiedenen Fall die Abschaffung einer Steuervergünstigung aus Gemeinwohlgründen gebilligt.[133] Auch die Einführung einer Steuervergünstigung setzt Gemeinwohlgründe voraus, und zwar solche, die dem Gemeinwohlwert gleichmäßiger Besteuerung nach der Leistungsfähigkeit mindestens gleichwertig sind. Bei der Abwägung ist auch zu bedenken, daß Steuergerechtigkeit durch Gleichbelastung allen zugute kommt, während Steuervergünstigungen oft nur einem Gruppenwohl dienen. Führt der Gesetzgeber Steuervergünstigungen ein, die nicht auf solchen Gemeinwohlgründen beruhen, oder schafft er sie nicht ab, obwohl solche Gründe weggefallen sind, so handelt er unmoralisch; denn die nichtbegünstigten Steuerbürger haben dann durch (noch) höhere Steuern für den Steuerausfall aufzukommen, der durch die Vergünstigungen entsteht. Die Steuergerechtigkeit hat grundsätzlich dann mehr Gewicht als eine Vergünstigung, wenn von Vergünstigungen nur einzelne Gruppen profitieren.

Freilich dürfen Steuervergünstigungen nicht von heute auf morgen abgeschafft werden. Stichworte: Rechtssicherheit, Planungssicherheit, Übergangsgerechtigkeit, Vertrauensschutz, Dispositionsschutz.[134]

7. Notwendigkeit eines die Rechtanwendungsgleichheit ermöglichenden Verfahrensrechts

„Mit der Gleichheit steht und fällt die Steuer", so treffend *J. Isensee*[135]. Mögen Steuerprivilegierte ihre Privilegien auch als „verdient" ansehen, die Nichtprivilegierten reagieren verdrossen. Ihr Gerechtigkeitsgefühl wird verletzt. Von „Neid" sollte man bei eindeutiger Verletzung des Gleichheitssatzes nicht sprechen.

Der Gleichheitssatz verlangt zweierlei:

[132] Zu diesem Betrag kommt man, wenn man auch die sozialpolitisch motivierten Subventionen – sie werden im Subventionsbericht der Bundesregierung nicht erfaßt – einbezieht. Je nach Subventionsverständnis kann man auch zu wesentlich niedrigeren Summen kommen. Die Zahlenangaben des Instituts für Weltwirtschaft und des Statistischen Bundesamts fallen weit auseinander.

[133] BVerfGE 97, 67. Dazu *Johanna Hey*, BB 1998, 1444.

[134] Dazu *K. Tipke/J. Lang*, Steuerrecht, 16. Aufl.; 1998, § 4 Rz. 179 ff.

[135] *J. Isensee*, StuW 1994, 3, 7 re. Sp.

(1) materielles Recht, das dem Gleichheitssatz genügt;
(2) formelles oder Verfahrensrecht, das die gleichmäßige Anwendung des materiellen Rechts ermöglicht.

Dem Gleichheitssatz genügen nur gleichmäßig durchsetzbare Normen, nicht *paper rules*. Letztlich kommt es nicht auf das an, was z. B. im Einkommensteuergesetz steht, sondern auf die gleichmäßige Umsetzung dieses Gesetzes. Läßt das Verfahrensrecht die gleichmäßige Umsetzung nicht zu, oder wenden die Finanzbehörden das Gesetz – aus welchen Gründen auch immer – nur gegenüber einer steuerehrlichen Minderheit an, so wird auch das materielle Recht wegen Verstoßes gegen den Gleichheitssatz verfassungswidrig. Nur gleichmäßig durchsetzbares und durchgesetztes materielles Recht entspricht dem Gleichheitssatz. Es ist das Verdienst *Paul Kirchhofs*, die Notwendigkeit der „Gleichheit des Belastungserfolges" – wie er es ausdrückt – bewußt gemacht und als Verfassungsrichter durchgesetzt zu haben.

In einer Entscheidung des Bundesverfassungsgerichts von 1991[136] – dem sogenannten *Zinssteuerurteil* – hatte das Bundesverfassungsgericht festgestellt, daß 1981 allenfalls die Hälfte der zu versteuernden Zinseinkünfte deklariert worden sei. Andere Schätzungen gingen von einer erheblich höheren Hinterziehungsquote aus, der Bundesrechnungshof 1991 von einer Hinterziehungsquote von 65%. Dazu entschied das Bundesverfassungsgericht:

„Der Gleichheitssatz verlangt für das Steuerrecht, daß die Steuerpflichtigen durch ein Steuergesetz rechtlich und tatsächlich gleich belastet werden. Die Besteuerungsgleichheit hat mithin als ihre Komponenten die Gleichheit der normativen Steuerpflicht ebenso wie die Gleichheit bei deren Durchsetzung in der Steuererhebung. Daraus folgt, daß das Steuergesetz in ein normatives Umfeld eingebracht sein muß, welches die Gleichheit der Belastung auch hinsichtlich des tatsächlichen Erfolges prinzipiell gewährleistet. Hängt die Festsetzung einer Steuer von der Erklärung des Steuerschuldners ab, werden erhöhte Anforderungen an die Steuerehrlichkeit des Steuerpflichtigen gestellt. Der Gesetzgeber muß die Steuerehrlichkeit deshalb durch hinreichende, die steuerliche Belastungsgleichheit gewährleistende Kontrollmöglichkeiten abstützen. Im Veranlagungsverfahren bedarf das Deklarationsprinzip der Ergänzung durch das Verifikationsprinzip. Wirkt sich eine Erhebungsregelung gegenüber einem Besteuerungstatbestand in der Weise strukturell gegenläufig aus, daß der Besteuerungsanspruch weitgehend nicht durchgesetzt werden kann, und liegen die Voraussetzungen dafür vor, daß dieses Ergebnis dem Gesetzgeber zuzurechnen ist, so führt die dadurch bewirkte Gleichheitswidrigkeit zur Verfassungswidrigkeit auch der materiellen Norm."

[136] BVerfGE 84, 239, 268, 271 ff.; BStBl. 1991 II, 654, 664 ff.

Mit den Worten von *J. Isensee*: „Das Gesetz allein gewährleistet noch nicht Belastungsgerechtigkeit. Sie entscheidet sich erst im Vollzug. Der Verfassung wird nicht Genüge getan mit der *Rechtsetzungsgleichheit* in der Formulierung des Besteuerungsprogramms durch die Legislative. Vielmehr fordert sie die *Rechtsanwendungsgleichheit* in ihrer Realisierung durch die gleichmäßige Besteuerung für alle, die den Tatbestand des Gesetzes erfüllen."[137] Da Rechtsetzungs- und Rechtsanwendungsmöglichkeit zusammenkommen müssen, genügt allein die Gesetzesanwendungsgleichheit nicht. Andererseits: Die gleichmäßige Ausschöpfung der den Gleichheitssatz verletzenden Gesetze durch spürbare Vermehrung des Personals macht alles in allem die Besteuerung noch nicht wesentlich gerechter.

In der Rechtsphilosophie wird Normen, die nicht praktiziert werden, überhaupt die Geltung abgesprochen. So lehrte *Heinrich Henkel*:

„Recht ist nicht bloß ein an die Adressaten gerichteter Verhaltensvorschlag. Ein solcher müßte von der Voraussetzung ausgehen, daß alle durch ihn Angesprochenen das vorgesehene Verhalten kraft vernünftiger Einsicht als angemessen und zweckmäßig anerkennen und demgemäß ihre Willensentschließung treffen. Doch kann in der Wirklichkeit dieser Welt mit einer solchen Motivierung durch die bloße Empfehlung bestimmten Verhaltens nicht hinreichend gerechnet werden ... Die Funktionsweise des Rechts besteht im ... Geltendmachen von *Anforderungen* an diejenigen, welche die rechtliche Normierung angeht. Als Anordnungen aber müssen die Rechtsnormen *Anspruch auf unbedingte und allgemeine Befolgung* erheben. Sie würden ihren Charakter als Rechtsnormen verlieren, wenn sie zuließen, daß sie innerhalb der Sozietät vom einen befolgt, vom anderen nicht befolgt werden. Dies hätte nach menschlicher Erfahrung die Konsequenz, daß der Sollenscharakter der Normen nicht ernst genommen und deshalb alsbald von vielen nicht mehr beachtet würde. Allein schon die Tatsache, daß der Eintritt in Rechtsbeziehungen auf der Erwartung beruht, der andere werde ... durch das Recht zu normgemäßem Verhalten veranlaßt werden, ist ein für den Charakter des Rechts bestimmendes Moment ... Die Durchsetzbarkeit ist unabdingbares *Geltungsmoment des positiven Rechts*; die tatsächliche generelle Durchsetzung des Rechts ist gleichbedeutend mit seiner *faktischen Geltung* ..."[138]

Jürgen Habermas formuliert es so:

„Nach Maßgabe einer Vernunftsmoral prüfen ja die Einzelnen die Gültigkeit von Normen unter der Voraussetzung, daß diese faktisch von jedermann befolgt werden. Wenn aber genau diejenigen Normen gültig sein sollen, die

[137] StuW 1994, 3, 9.
[138] *H. Henkel*, Einführung in die Rechtsphilosophie, 2. Aufl., 1977, S. 117 f.; s. auch ebenda S. 545.

unter der Bedingung einer Praxis *allgemeiner* Normbefolgung die rational motivierte Zustimmung aller Betroffenen verdienen, ist niemandem *zuzumuten*, sich an gültige Normen zu halten, sofern nicht die genannte Bedingung erfüllt ist. Jeder muß die Befolgung gültiger Normen erwarten dürfen. Gültige Normen sind nur dann zumutbar, wenn sie gegen abweichendes Verhalten faktisch durchgesetzt werden können."[139]

Otfried Höffe bleibt mit der folgenden Aussage im rechtlich Unverbindlichen:

„Während es töricht ist, allein ehrlich zu sein, stehen zwei Unehrliche auch dumm da ... Ehrlich zu sein ist für den einzelnen ... nur dann rational, wenn er keine Angst haben muß, allein ehrlich zu sein und dann als der Dumme dazustehen. Rationalität bzw. das Prinzip Vorteil als Motivation vorausgesetzt, entfällt die (objektiv rationale!) Angst, wenn man weiß, daß sich die Unehrlichkeit für den anderen nicht auszahlt ..."[140]

II. Besteuerungsethik für die Finanzbehörden

Nach § 85 AO haben die Finanzbehörden die Aufgabe, die Steuern nach Maßgabe der Gesetze gleichmäßig festzusetzen und zu erheben. Insbesondere haben sie sicherzustellen, daß Steuern nicht verkürzt oder zu Unrecht erhoben werden. Diese Aufgabe ist den Finanzbehörden nicht nur im Interesse der Staatskasse übertragen worden, sondern auch mit Rücksicht auf den Anspruch der Steuerpflichten, daß auch die anderen ihre geschuldeten Steuern zahlen. „Bei richtigem Verständnis handelt der Finanzbeamte" – so *Roman Seer* – „als Treuhänder für die Solidargemeinschaft aller Steuerzahler".[141]

Allerdings sind die Finanzbehörden mit der „Sicherstellung" überfordert, nicht nur deshalb, weil sie Träger einer Massenverwaltung sind; auch Polizei und Justiz können bekanntlich nicht „sicherstellen", daß niemand Straftaten begeht.

Zur Erfüllung ihrer Aufgabe dürfen die Finanzbehörden nicht beliebige Aufklärungsmittel anwenden, sondern nur die im Gesetz vorgesehenen (s. insbesondere §§ 88 ff. AO). Bei der Sachaufklärung müssen sie auch die für die Steuerpflichtigen günstigen Umstände berücksichtigen (§ 88 II AO). U.U. müssen die Steuerpflichtigen vor Ergehen eines Steuerbescheides gehört

139 *J. Habermas*, Faktizität und Geltung, Suhrkamp-Taschenbuch Wissenschaft 1361, 1998, S. 148.

140 *O. Höffe*, Politische Gerechtigkeit, Grundlegung einer kritischen Philosophie von Recht und Staat, 1987, S. 419.

141 *R. Seer*, Steuer und Studium 1999, 294. – S. dazu auch hier S. 66 ff.

werden (s. § 91 AO). Die in §§ 101–106 AO geregelten Mitwirkungsverweigerungsrechte sind zu respektieren. Besteuerungsgrundlagen, die sich nicht ermitteln lassen, dürfen – als *ultima ratio* – geschätzt werden (§ 162 AO). Den Eintritt der Verjährung (§§ 169 ff. AO) müssen die Finanzbehörden von Amts wegen beachten. Außenprüfungen (Betriebsprüfungen) müssen schriftlich angeordnet werden. Nach Abschluß der Prüfung ist aus Gründen rechtlichen Gehörs eine Schlußbesprechung abzuhalten und ein schriftlicher Prüfungsbericht zu erteilen (§§ 201, 202 AO). Schriftliche Verwaltungsakte müssen begründet (§ 121 AO) und mit einer Rechtsbehelfsbelehrung versehen werden (§§ 157 I 3; 196; 356 AO). Zwangsmittel zur Durchsetzung der Mitwirkung im Besteuerungsverfahren (s. §§ 328 ff. AO) dürfen Finanzbehörden nicht mehr anwenden, wenn der Steuerpflichtige dadurch gezwungen würde, sich selbst mit einer Straftat oder einer Steuerordnungswidrigkeit zu belasten (s. § 393 AO). Das Abschreckungspotential der Steuerfahndungsstellen (s. § 208 AO) reicht nicht aus, durchgehend für Gleichmäßigkeit der Besteuerung zu sorgen.[142] Die Mitwirkung von vom Staat bezahlten Denunzianten sieht das Gesetz nicht vor.[143]

Allgemein gilt: Die Steuerbeamten haben nicht – mit welchen Mitteln auch immer – „möglichst viele Steuern hereinzuholen ... Die Maximierung steuerlicher Mehr-Ergebnisse darf weder Antrieb noch Leistungsmaßstab des Steuerbeamten sein. Vielmehr ist das Leitbild ... das eines Steuerrechtspflegers".[144]

Stellen die Finanzbehörden fest, daß die Verfahrensordnung Vorschriften enthält, die eine gleichmäßige Anwendung des materiellen Rechts verhindern, oder daß in ihr Vorschriften fehlen, die zu einer gleichmäßigen Anwendung des materiellen Rechts benötigt werden, so macht sie dadurch einen Verstoß gegen den Gleichheitssatz manifest. Zwar haben Finanzbehörden keine Befugnis, deswegen das Verfassungsgericht anzurufen. Sie sind gleichwohl auch an die Verfassung gebunden. „Trotz des Verwerfungsmonopols des Bundesverfassungsgerichts kann die Finanzverwaltung durch beamtenrechtliche Remonstration die Verfassungswidrigkeit verwaltungsintern bewußt machen und

142 Dazu *H.-J. Papier* (Vizepräsident des Bundesverfassungsgerichts): Strafrechtliche Mittel seien ungeeignet, im Gesetz angelegte Vollzugsdefizite zu beheben; „Hat der Gesetzgeber auf der Ebene des materiellen Steuerrechts ein strukturelles Vollzugsdefizit geschaffen, erscheint es paradox, dieses auf der Ebene des Strafrechts unter Einsatz strafprozessualer Mittel beheben zu wollen" (Stbg. 1999, 49, 56).

143 Die Frage, ob die Finanzverwaltung bezahlte Denunzianten einsetzen solle oder dürfe, ist im Zusammenhang mit dem Verbringen von Finanzkapital nach Luxemburg, in die Schweiz oder nach Liechtenstein diskutiert worden.

144 *R. Seer* (Fußn. 141).

letztlich darauf hinwirken, daß die Bundesregierung eine Gesetzesinitiative zur Gesetzesänderung ergreift oder ein Normenkontrollverfahren einleitet."[145] M. E. muß die Finanzverwaltung so verfahren, wenn sie die Verfassungswidrigkeit erkennt.

III. Mängel der Besteuerungsmoral

1. Mängel der Gesetzgebungsmoral

(1) Auch die an der Gesetzgebung mitwirkenden oder sie beeinflussenden Politiker bekennen sich bei jeder Gelegenheit zu Steuergerechtigkeit und zum Leistungsfähigkeitsprinzip. Das gleiche tun die Vertreter von Interessenverbänden. Abgesehen davon aber, daß viele Politiker keine inhaltlichen Vorstellungen von Steuergerechtigkeit haben: Sie müssen Rücksicht nehmen auf ihre potenziellen Wähler. Ein Politiker darf sagen: „Steuern müssen gerecht sein" oder „Es muß gespart werden". Es empfiehlt sich für ihn aber meist nicht zu sagen, welche Gruppen zur Herstellung von Steuergerechtigkeit ihre Privilegien verlieren sollen oder wo gespart werden soll. Ein Politiker darf sich Sorgen machen um die Zukunft des Wirtschaftsstandortes Deutschland, er darf deswegen aber nicht Besitzstände antasten wollen. Natürlich haben auch Politiker das Recht, ihre Meinung frei zu äußern, aber um den Preis, möglicherweise die nächste Wahl zu verlieren. Der Erfolg der Wirtschaft wird am Gewinn gemessen, der Erfolg der Politik an Wahlergebnissen. Daraus erklärt sich ihre Wähler- und Interessenverbandsabhängigkeit, erklärt es sich auch, daß sie nicht bloß auf Argumente reagieren, sondern auch auf den Druck von organisierten Interessen.

Die Abgeordneten erhalten auch zum Steuerrecht ständig Zuschriften aus ihrem Wahlkreis und von Verbänden. Man erwartet von ihnen, daß sie auf die Forderungen und Wünsche der Wähler irgendwie reagieren. Ob Wähleranliegen in das Gesamtgefüge des Steuerrechts passen, wissen allenfalls *Steuer*politiker. Nicht die Politik der vernünftigsten Sachprogramme setzt sich regelmäßig durch, eher die Politik, die rhetorisch gut ankommt und auf die Wünsche und Ängste, die Vorlieben und Stimmungen breiter Kreise flexibel eingeht. Um Wähler nicht zu verärgern, müssen Politiker im Wahlkampf unter Umständen auch schwindeln. Zwischen Regierungs- und Oppositionsparteien findet nur selten eine rationale Diskussion statt. Emotionalisierende Schlagworte dürfen nicht verschmäht werden („Gerechtigkeitslücke"; „Schnitt in die

[145] *P. Kirchhof*, DStJG Bd. 18 (1995), S. 43 f.

Sozialstruktur des Steuerrechts"; „sozialer Kahlschlag"; „Ausverkauf des Wirtschaftsstandortes Deutschland" usw.).

Auffällig oft wird statt von gerechter von freundlicher Steuerpolitik gesprochen: Das Steuerrecht soll unternehmerfreundlich oder arbeitnehmerfreundlich sein, wachstumsfreundlich, arbeitsplatzfreundlich usw. Bei solcher freundlichen Politisierung und Ökonomisierung des Steuerrechts kommt „der Rechtsgedanke" (*K. Vogel*) zwangsläufig zu kurz.[146] Ein Politiker darf versuchen, sich damit zu profilieren, daß er für alle Bürger und Unternehmen ein extrem einfaches Steuerrecht vorschlägt mit extrem niedrigen Steuersätzen.[147] Und um die Wirkung zu erhöhen, darf er hinzufügen: „Ich habe das selbst alles durchgerechnet. Es ist machbar".

Welche Pläne seit der Entstehung der Bundesrepublik auch verkündet wurden, umfassende Reformen sind bisher nicht gelungen. Sie können auch nicht gelingen, wenn eine starke Opposition das Parteiwohl dem Gemeinwohl überordnet und Reformvorhaben blockiert.[148] Sie können nicht gelingen, wenn die Interessenverbände ihren Besitzstand von Privilegien hartnäckig mit dem Hinweis auf die Zahl ihrer Mitglieder verteidigen.

Klaus Vogel beschreibt die Gegenwartssituation wie folgt: Es „sind die Rechtsprinzipien, die unseren Steuergesetzen zugrunde liegen, besser: zugrunde liegen sollten, weithin nicht mehr wahrzunehmen, unkenntlich geworden. Sie sind durch eine Vielzahl von Änderungen und Ergänzungen, von Ausnahmen und wieder Ausnahmen zu diesen Ausnahmen so überlagert und entstellt, daß sie für die Betroffenen nicht mehr als Versuche einer gerechten Lastenverteilung zu erkennen sind. Gewiß ist das Steuerrecht schon seit langem, spätestens aber seit dem Ersten Weltkrieg, ein kompliziertes, für den

[146] Dazu *K. Vogel*, Der Verlust des Rechtsgedankens im Steuerrecht, DStJG Bd. 12 (1989), 123.

[147] Wer drei mäßige Einkommensteuersätze vorschlägt, wird erheblich übertroffen von einer von dem ehemaligen US-amerikanischen Abgeordneten *Jack Kemp* geleiteten Kommission. Sie schlug vor, eine Einheitsteuer (*flat tax*) mit einem einheitlich niedrigen Steuersatz für alle einzuführen. Das sei fair und einfach und werde es allen Amerikanern ermöglichen, ihr Potenzial zu arbeiten, zu sparen und zu investieren, voll auszuschöpfen. Die Diskriminierung des Sparens und Investierens werde dadurch beseitigt werden. Der derzeitige Codex (Internal Revenue Code) mit Tausenden von Paragraphen sei „lächerlich kompliziert, sagenhaft teuer, wirtschaftlich destruktiv, unfair und eine unerhörte Verletzung der Privatsphäre". Außerdem empfahl der Bericht großzügige Freibeträge. Die Höhe der Einheitsteuer wurde offen gelassen, außerdem aber eine Abschaffung der Erbschaftsteuer empfohlen. Die Präsidentenbewerber *Phil Gramm* und *Steve Forbes* sprachen von einem einheitlichen Steuersatz von 16 bzw. 17%. Die Wahl ist damit gegen *Bill Clinton* (der sich zur Wiederwahl gestellt hatte) nicht gewonnen worden. Nicht nur die Demokraten, auch unabhängige Experten sprachen von „unfairer Einheitsteuer" und einem „Bonus für die Reichen" (NZZ, Fernausgabe, Nr. 15/1996 v. 19.1.1996, S. 11).

[148] Ausführlicher dazu mit Nachweisen *K. Tipke*, Die Steuerrechtsordnung, 1993, Bd. III, S. 1440–1475.

Laien schwer überschaubares Rechtsgebiet. Heute kann aber auch ein Fachmann dieses Gebiet kaum noch überblicken ... Schon seit den siebziger und achtziger Jahren mehren sich deshalb die Äußerungen von hohen Richtern, Anwälten und Wissenschaftlern, die das geltende Steuerrecht als ‚Chaos', ‚Dschungel' oder gar ‚Perversion' bezeichnen. In diesem Chaos gelingt es den Hochverdienenden, die sich eine teure Steuerberatung leisten können, ihre Steuerpflichten legal zu vermindern. Die Geringverdienenden haben diese Möglichkeit nicht; sie zahlen, wie dies ein namhafter Betriebswirt ausgedrückt hat, eine ‚Dummensteuer'. Dieser Zustand ist, ich möchte das mit aller Deutlichkeit sagen, von Politikern aller demokratischen Parteien zu verantworten. Gelegentliche freimütige Äußerungen von Abgeordneten, die an zentraler Stelle am Gesetzgebungsprozeß in Steuersachen teilgehabt haben, belegen, daß bei uns die Praxis der Steuergesetzgebung fast nur noch vom politischen Kalkül bestimmt ist. Daß Steuerrecht *Recht* sein, d. h. nach Gerechtigkeit geordnet sein sollte, ist zwar ein beliebter Topos für Wahlreden, wird aber vom Gesetzgeber kaum noch beachtet."[149]

J. Isensee formuliert es so: „Die Kenner des Steuerrechts konstatieren einmütig, daß hier Wildwuchs und Willkür herrschen, Hypertrophie der Normen, Änderungshektik ohne Änderungskonzept, Okkupation durch disparate steuerfremde Zwecke ... Die vielen Sonderrechte überlagern das allgemeine Recht. Der Systemgedanke wird zugedeckt durch ein Konglomerat von Ausnahmetatbeständen."[150]

Bei *H.-J. Papier*, z.Zt. Vizepräsident des Bundesverfassungsgerichts, liest es sich so: „In der Flut von z. T. hektisch zusammengezimmerten Gesetzen, Ausnahme-, Änderungs- bzw. Artikelgesetzen werden die Steuernischen immer zahlreicher. Immer zahlreicher werden aber auch die Reaktionen des Gesetzgebers durch den Erlaß weiterer Detailvorschriften. Jener Perfektionismus erhält eine zusätzliche Stärkung angesichts der Höhe der heutigen Grenzsteuerbelastung. Um die Steuerlasten vor dem Unerträglichen zu bewahren, ist ein Dickicht von steuerermäßigenden Spezialnormen angeboten worden."[151] – Ich meine, es sei auch umgekehrt verlaufen: Die durch die Spezialnormen – es sind Steuervergünstigungen – verursachten Steuerausfälle mußten durch hohe Grenzsteuerbelastungen wettgemacht werden. Die wählerorientierte Interessenpolitisierung und Lenkungsorientierung der Steuerpolitik hat je länger desto stärker zur Entrechtlichung, zur Schnellebigkeit und zur enormen Kom-

[149] *K. Vogel*, Verfassungsrechtsprechung zum Steuerrecht, 1999, 9–11. S. auch schon *ders.*, Der Verlust des Rechtsgedankens DStJG Bd. 12 (1989), S. 123 ff.

[150] *J. Isensee*, StuW 1994, 4.

[151] *H.-J. Papier*, Stbg. 1999, 49, 51.

plizierung des Steuerrechts geführt. Wer sich ein Bild von der Schnellebigkeit des Steuerrecht machen will, der sollte § 52 EStG mit seinen dreiundsechzig Absätzen lesen.

Hinzuzufügen ist, daß die Vorgaben der Europäischen Union und die Wiederherstellung der deutschen Einheit zu weiteren Komplizierungen geführt haben.[152] Den Ostdeutschen sind die überkomplizierten westdeutschen Steuergesetze über Nacht übergestülpt worden. Den Beamten, die die Vorgaben aus Brüssel liefern, fällt auch selten etwas Unkompliziertes ein. Seit der Wiedervereinigung (1990) sind allein zur Einkommensteuer fünfzig Gesetzesnovellen in Kraft gesetzt worden.

Das ist jedoch nicht nur „bei uns“ so. *Tax chaos* wird in den westlichen parlamentarischen Demokratien überall beklagt, *tax simplification* überall gefordert. „The demand for tax simplification has become universal“. Am 14.10.1999 fand in Castellanza/Norditalien ein Steuerkongreß mit dem bezeichnenden Titel: „La nuova fiscalita tra crisi del principio di capacita contributiva e declino del diritto tributario como sistema“ statt; kritisiert wurde vor allem der Gesetzgeber, aber auch das italienische Verfassungsgericht.[153]

Große, auf dem „Rechtsgedanken“ (*K. Vogel*) basierende, das Steuerrecht systematisierende und erheblich vereinfachende Steuerreformen, gar ein Steuergesetzbuch, sind bedauerlicherweise auch in Zukunft nicht zu erwarten. Von den Abgeordneten zu verlangen, sie sollten nicht länger auf die Wähler schielen, hieße etwas Widernatürliches von ihnen zu verlangen. Wenige Wählerprozente können darüber entscheiden, ob man die Macht bekommt oder nicht bekommt, ob man sie behält oder verliert. Folglich gelingt es den organisierten Interessen immer wieder, Vergünstigungen durchzusetzen. An die Ausnahmen für Landwirte dürfte sich nicht einmal eine große Koalition heranwagen.[154]

Wo gibt es noch Entwürfe aus einem Guß, ohne Hast sorgfältig vorbereitet und beraten? Statt dessen herrscht, die Kürze der Legislaturperiode ständig vor Augen, die flotte juristische Leichtbauweise mit unzähligen Baumängeln vor, ständig begleitet von oft vordergründiger, durchweg an Personen festge-

[152] Dazu *J. Isensee*, StuW 1994, 6.

[153] The Institute für Fiscal Studies, Faculty of Taxation, v. 16./17.4.1999.

[154] Ausführlich dazu die Habilitationsschrift von *S.F. Franke*, Steuerpolitik in der Demokratie, 1993. Franke kommt ebenfalls zu dem Ergebnis: „Die tieferen Ursachen der aufgezeigten Mängel liegen in Strukturdefiziten und Funktionsschwächen des Systems der Demokratie, konkret, des parlamentarisch-repräsentativen Systems ...“ (S. 421). Die These, „daß fast alle Beteiligten – einschließlich der Parteipolitiker – die Gesamtentwicklung nicht etwa zielstrebig herbeiführen, sondern eher ihre Opfer sind und sie gewissermaßen ‚erleiden‘“, werde „durch die Analyse der Steuerpolitik gestützt“ (S. 424).

machter Kritik durch die Medien. Die Mehrheit der Wähler, so wird ständigen Umfragen entnommen, trauten den Politikern die Kompetenz zur Lösung der großen Probleme des Landes, eine große Steuerreform eingeschlossen, nicht mehr zu. Eine große Steuerreform müßte nach meiner Meinung in der Ausrichtung aller Steuern am Leistungsfähigkeitsprinzip bestehen, in der Schließung der Lücken in den Bemessungsgrundlagen und in dem entschlossenen Beseitigen aller nicht oder nicht mehr zu rechtfertigenden Steuervergünstigungen sowie in der Senkung der Steuersätze *für alle*. Es ist aber eben ein Unterschied, ob man sich durchgehend am Leistungsfähigkeitsprinzip orientiert ober ob man fragt, was wohl der Wählerklientel gefällt. Wegen der Abhängigkeit vom Wähler werden im Plenum Reden gehalten, die nicht zur Überzeugung des politischen Gegners dienen, sondern der Wählerwerbung. Es sollen Wähler eingestimmt, beeinflußt werden. Das macht es erforderlich, daß die Rhetorik ganz auf das Gros inkompetenter Wähler abgestimmt wird. Im Mittelverteilungskampf zugunsten der eigenen Klientel kann Gerechtigkeitsrhetorik nicht schaden. Nur zu oft wird der politische Gegner als inkompetent, unaufrichtig, unglaubwürdig oder böswillig diffamiert. Ein vernünftiger Diskurs im *Habermas*schen Sinne findet allenfalls im Finanzausschuß statt. Und auch dort trägt kein Abgeordneter eine Binde, den *Rawls*schen *veil of ignorance*, vor den Augen. Daß auf Wählerstimmen angewiesene Politiker auf „Wählerfang" aus sind, ist nicht unnatürlicher als das Streben von Unternehmen nach Gewinn, von Ballspielern nach Toren oder von Medien nach Auflage oder Einschaltquoten. Was Politiker wegen ihrer Wählerabhängigkeit sich nicht zu fragen getrauen: Wie steht es um die Urteilskraft der Wähler und die Akzeptanz einer wirklichen Steuerreform durch sie? Wird eine Politik, die Privilegien und Vergünstigungen beseitigt, von den Betroffenen erfahrungsgemäß nicht abgewählt, und trägt die Einführung von Privilegien und Vergünstigungen – auch ungerechtfertigten – nicht erfahrungsgemäß zum Wahlerfolg bei? Weil das so ist, pflegt eine Opposition auch gegen sachlich vernünftige Reformen besserwisserisch Widerstand zu leisten und den von der Reform nachteilig Betroffenen nach dem Mund zu reden – ihrer Wählerstimmen wegen? Freilich geschieht das – je länger, um so mehr – um den Preis, daß nicht nur das Ansehen bestimmter Parteien sinkt; vielmehr gerät dadurch das Ansehen der gesamten politischen Klasse in eine Krise. Daß man den Wählern in Steuersachen nicht viel Vernunft zutraut, zeigt auch die Tatsache, daß in fast allen Verfassungen, die den Volksentscheid vorsehen, Steuerangelegenheiten vom Volksentscheid ausgenommen sind.

Man mag das mit *F. A. von Hayek* „Stimmenkauf", „Korruptionssystem der Politik" und „Schacherdemokratie"[155] nennen oder nicht: *Von Hayeks* Vorschlag, durch die Verfassung zwei Versammlungen einzuführen, eine erste Versammlung, die nicht den organisierten Interessen ausgeliefert ist und keine Privilegien, Subventionen und andere Vorteile zum Zwecke des Stimmenfangs verteilen muß und die allgemeine Regeln der Gerechtigkeit aufstellt, und eine zweite Versammlung, die an die Regeln der ersten Versammlung bei der Gesetzgebung gebunden ist[156], dürfte keinerlei Erfolgsaussichten haben, so sehr man auch mit ihm sympathisieren mag.

Der Steuermoralist mag diese Zustände bedauern. Aber soll er sich aus Enttäuschung zum Steuerpositivisten oder Steuernihilisten bekehren lassen? Mindestens die Hoffnung auf das dringend benötigte Verfassungsgericht braucht er nicht aufzugeben.

Nachzutragen ist: In der Regel werden die Steuergesetze von den Beamten des Bundesfinanzministeriums vorbereitet. „Es gehört zum Wesen juristischen Denkens und gerechter Entscheidungen" – so *F. A. von Hayek* – „daß der Jurist sich bemüht, das ganze System widerspruchsfrei zu machen".[157] Entweder gehört solches Denken nicht zum Wesen der Juristen im Bundesfinanzministerium, oder sie können oder wollen sich gegen die Politik nicht durchsetzen. Enttäuschend ist jedenfalls das „Markenzeichen" des Bundesfinanzministeriums, eine Broschüre mit dem Titel „Unsere Steuern von A–Z". Träger des Steuersystems sind hier nicht Prinzipien, ist vielmehr das Alphabet. Zu jeder Steuer wird ihre historische Entwicklung angegeben. Das Alter mancher Steuern ist beeindruckend. Ihre Antiquiertheit läßt sich aber nicht kaschieren. Die Besteuerungsmoral verlangt nicht, daß Steuergesetze eine Tradition haben, sondern, daß sie mit der Verfassung der Gegenwart und der in ihren Grundrechten verkörperten Ethik übereinstimmen. Wenn der Gesetzgeber vorsätzlich oder leichtfertig Gesetze beschließt, die verfassungswidrig sind oder wenn er Gesetze nicht aufhebt oder ändert, die mit guten Gründen allgemein für verfassungswidrig gehalten werden, so handelt er besteuerungsunmoralisch.

Der Situation des Steuerrechts scheint die Lage des *Sozialrechts* stark zu ähneln. Auch *Hans H. Zacher* spricht sich für die Systematisierung dieses „systemfeindlichen Politik- und Rechtsbereichs", für „langfristige Stetigkeit" aus. Er möchte den Gesetzgeber daran hindern, das Sozialrecht beliebig oft und auch fast in beliebiger Richtung zu ändern. Als Vorbild empfiehlt er Schweden, wo vor Beginn des eigentlichen Gesetzgebungsverfahrens Gesetzentwürfe von einer Kommission sorgfältig und sachverständig vorbereitet

[155] *F. A. von Hayek*, Recht, Gesetzgebung und Freiheit, Bd. 3 (1981), S. 55, 138. Dazu *K. Tipke*, StuW 1983, 1ff.
[156] *F. A. von Hayek* (Fußn. 155), Bd. 3 (1981), S. 147 ff.
[157] *F. A. von Hayek* (Fußn. 155), Bd. 1 (1980) S. 95.

werden. Im Sozialrecht hat sich die Gesetzgebungsmisere jedoch ebensowenig verbessert wie im Steuerrecht.[158]

(2) Da es nicht genügt, daß die Steuerbehörden die Steuererklärungen ungeprüft übernehmen, die darin enthaltenen Angaben vielmehr auch verifiziert werden müssen (s. oben B I 7), ist es Aufgabe des Gesetzgebers, den Finanzbehörden die verfahrensrechtlichen Mittel für eine effiziente Verifizierung zur Verfügung zu stellen. Auf das Zinsurteil des Bundesverfassungsgerichts von 1991 (s. oben B I 7) hat der Gesetzgeber nur dadurch reagiert, daß er einen Quellenabzug auf Zinsen eingeführt hat. Sonst ist alles beim alten geblieben; auch der Schutz der Bankkunden nach § 30a AO ist nicht gestrichen worden. Andere im Gesetz angelegte Verifizierungsmängel sind nicht geprüft worden.

Die Verifizierung setzt voraus, daß die potenziellen Steuerpflichtigen den Finanzbehörden bekannt sind und von den Steuerpflichtigen Steuererklärungen abgegeben werden. Für die Erfassung der Steuerpflichtigen sollen die §§ 134 ff. AO sorgen, insbesondere durch Personenstands- und Betriebsaufnahmen. Solche Aufnahmen haben aber schon seit langem nicht mehr stattgefunden, dies wohl auch unter dem Eindruck der immer wieder unter Berufung auf das Rechtsstaatsprinzip geschürten Datenschutzhysterie. Was aber sollen die Steuerehrlichen von einem „Rechtsstaat" halten, in dem sie für die unehrlichen Trittbrettfahrer mitbezahlen müssen? Das Anliegen des Datenschutzes darf nicht dazu führen, daß das Steuerzahlen denen überlassen wird, die freiwillig oder skrupulös dazu bereit sind. Ein Verifizierungshemmnis ist auch das im Vergleich insbesondere zu den USA unterentwickelte Kontrollmitteilungssystem. Und dieses Verifizierungsmittel wird fast vollends untauglich, wenn man denen folgt, die Stichprobenkontrollen für unzulässig halten, Kontrollmitteilungen davon abhängig machen, daß konkrete Anhaltspunkte für eine Steuerverkürzung durch den Kontrollierten vorliegen.

Im Einkommensteuerbereich liegen die Hauptverifizierungsschwierigkeiten im Grenzbereich zwischen Berufs- und Privatsphäre.[159] Mieteinnahmen und Renteneinnahmen können mit verhältnismäßigen Mitteln nicht verifiziert werden, Spekulationseinnahmen aus der Veräußerung von Wertpapieren auch

[158] *H.F. Zacher*, Rolle und Lage des Rechts, in: P. Koslowski u. a. (Hrsg.), Chancen und Grenzen des Sozialstaates, 1983, S. 66, 84 ff.

[159] Wie soll das Finanzamt z. B. verifizieren, wie oft der Pkw für Berufsfahrten verwendet worden ist, ob die Putzmittel zur Reinigung des Büros verwendet worden sind, wieviel die Ehefrau tatsächlich im Betrieb mitgearbeitet hat, ob die Gasthausquittung tatsächlich ein Essen mit Geschäftsfreunden betrifft und ob die angegebene Summe stimmt? *L. Haegert* hat ermittelt, daß sich die meisten Finanzgerichtsurteile mit diesem Grenzbereich (s. §§ 4 IV; 9; 12 EStG) befassen (BB 1991, 36). Ohne Typisierungen lassen sich die Verifizierungsschwierigkeiten nicht ausräumen.

nicht. Die Benachteiligung der steuerehrlichen „Spekulanten" wird um so größer, je länger die Spekulationsfrist ist; sie ist für die Wertpapierspekulation erst kürzlich von sechs Monaten auf ein Jahr erhöht worden, ohne daß für Verifizierungsmöglichkeiten gesorgt worden wäre.

Auch wo die (zur Zeit nicht erhobene) Vermögensteuer und die Erbschaft- und Schenkungsteuer privates Vermögen erfassen, ist nur insoweit für die Verifizierung gesorgt, als Gerichte, Notare und Banken mitwirken müssen. Das mobile private Vermögen wird nicht festgestellt. Die üblichen Schenkungen von Finanz- und mobilem Vermögen unter Verwandten pflegen unbekannt zu bleiben, wenn sie nicht deklariert werden. Zwar haben die Banken dem Finanzamt die beim Tode eines Erblassers vorhandenen Guthaben anzuzeigen. Sie haben aber nicht anzugeben, welche Mittel noch kurz vor dem Tode „abgeräumt" worden sind.[160] Im übrigen ist nur mitzuteilen, ob der Erblasser ein Schließfach gemietet hatte; der Inhalt des Schließfachs braucht nicht angegeben zu werden.[161] Die tiefgründigsten Theorien der Rechtfertigung von Vermögen- und Erbschaft-/Schenkungsteuer und die exaktesten Interpretationen der materiellen Gesetze sind wertlos, wenn die Gesetze nicht gleichmäßig angewendet werden können.

Da im Regelfall alle Einnahmen und Ausgaben über Banken oder Sparkassen laufen und das Geld dort angelegt wird, wäre das einfachste und effizienteste inländische Verifizierungsmittel der uneingeschränkte Zugang der Finanzbehörden zu allen Bankdaten. Dann bräuchte niemand mehr zu besorgen, daß er zur Gruppe der steuerehrlichen Dummen gehöre. Nur wird dieser Schritt schon deshalb nicht getan, weil die Folgen einer dadurch ausgelösten Steuerflucht gefürchtet werden. Von internationaler Solidarität ist man in diesem Bereich noch weit entfernt, auch in Europa.

Gänzlich im Argen liegt die Verifizierung von Auslandssachverhalten. Was hilft es, wenn etwa in Doppelbesteuerungsabkommen mit der Schweiz oder mit Luxemburg die Steuer auf die Zinseinkünfte aus dem in diesen Ländern angelegten Finanzkapital Deutschland als Wohnsitzland zugesprochen wird, diese Länder sich aber weigern, irgendwelche Auskünfte zu geben. Die Lektion, daß auch im internationalen Steuerrecht das Verifizierungsprinzip gelten muß, muß erst noch gelernt werden.[162] Einstweilen schauen die Staaten dem

[160] Dazu *K. Kottke*, Vermiedene Anzeige der Bank an das Finanzamt beim Abräumen des Kontos vor dem Tode, BB 1992, 1694.

[161] § 33 ErbStG; § 5 ErbStDV; dazu *J.P. Meincke*, Erbschaftsteuergesetz, Kommentar 12. Aufl., 1999, zu § 33.

[162] *W. Ritter* beklagt im übrigen den Mangel an Gegenseitigkeit: „Die eifrige deutsche steuerliche Amtshilfe wird von anderen Staaten in Europa gerne in Anspruch genommen, doch unser einzigartiges Instrumentarium gegen internationale Steuerflucht, vom Außensteuergesetz bis

Agieren der internationalisierten und globalisierten Wirtschaft weitgehend hilflos zu.

Bei der Herstellung von Belastungsgleichheit geht es nicht darum, die Staats- und Gemeindekassen besser zu füllen, gar noch mehr Mittel für leichtfertige Steuerverschwendung aufzubringen, sondern um eine weitgehende Erfassung aller Steuerschuldner und ihre gleichmäßige Besteuerung, damit die Steuern *für alle* gesenkt werden können.

Auch im Steuerrecht kann nicht zeitlich unbegrenzt darüber gestritten werden, welche Steuer rechtmäßig geschuldet wird. Man kann aber darüber streiten, ob es angemessen ist, den Finanzbehörden für die Ermittlung der Steuerschuld vier Jahre und länger Zeit zu geben (§§ 164, 165 ff. AO), den Steuerpflichtigen aber grundsätzlich eine Ausschlußfrist von einem Monat zu setzen und Wiedereinsetzung in den vorherigen Stand grundsätzlich abzulehnen.

2. *Mängel der Gesetzanwendungsmoral*

Die Beamten der Finanzbehörden pflegen sich nicht damit aufzuhalten, nach Sinn oder Unsinn hinter den Gesetzesvorschriften zu suchen. Das gilt nicht zuletzt auch für die mehr gefürchteten als geachteten Steuerfahnder. Die Beamten wenden, soweit sie genügend Zeit dafür haben, die Gesetze und die einschlägigen Verwaltungsvorschriften an. Für etwas anderes sind sie auch nicht ausgebildet worden. Systemdenken wird ihnen in der Ausbildung nicht vermittelt. Sie lernen die Inhalte der Steuergesetze, die während ihrer Ausbildung gelten, mit vielen technischen Details. Ist trotz aller Paukerei schon im Examen niemand mehr in der Lage, alle angelernten Details im Kopf zu haben[163], so wird in Anbetracht des Tempos der Gesetzesänderungen viel Angelerntes alsbald wieder zu „Wissensmüll".[164]

Wer nach der Ausbildung in die Praxis kommt, lernt schnell, daß von ihm die Bewältigung eines bestimmten Pensums innerhalb bestimmter Zeit erwartet wird. Da die Finanzbehörden weder personell noch materiell so ausgestattet sind, daß sie alle Steuererklärungen wirklich verifizieren können, ent-

zu penibler Betriebsprüfung und Steuerfahndung, will sich niemand zulegen" (*W. Ritter* in: W. Mellwig u. a. (Hrsg.), Steuerreform und Steuerharmonisierung; 1991, S. 15).

163 Die elf wichtigsten deutschen Steuergesetze einschließlich ihrer Durchführungsverordnungen und Richtlinien umfaßten schon 1994 2892 Druckseiten mit 2506 Paragraphen und Abschnitten.

164 Die Art der Ausbildung in den Finanzhochschulen wird anschaulich beschrieben von *R. Seer* in seinem Beitrag „Der Finanzbeamte – Fiskalist oder Steuerrechtspfleger?", Steuer und Studium 1999, 294 ff.

steht ein Konflikt zwischen sorgfältiger Sachaufklärung im Einzelfall und der jährlich wiederkehrenden, innerhalb einer bestimmten Periode zu bewältigenden Veranlagungen aller Steuerpflichtigen.[165] Ein Veranlagungssachbearbeiter hat innerhalb eines Jahres etwa 1000 Veranlagungsfälle zu erledigen. Für eine Veranlagung bleibt ihm neben der zu erledigenden anderen Arbeit im Durchschnitt etwas mehr als eine Stunde. Daher muß der Steuerbeamte Schwerpunkte bilden, er darf möglichst kein Literaturstudium betreiben, nicht um Bagatellen streiten. Würde er anfangen, jeden Fall gründlich zu bearbeiten, so wäre das Gros der Fälle nach Ablauf des Jahres unbearbeitet.[166] Da viel zu wenig in die Staatskasse käme, würde bald der Finanznotstand und als Folge davon der Staatsnotstand ausbrechen. Daher ist es das Ziel der Finanzverwaltung, mit den vorhandenen Mitteln einen möglichst großen Teil der Steueransprüche zu realisieren. Damit die Finanzbeamten sich nicht Rechnungshof-Vorwürfen aussetzen müssen, heißt es in Erlassen der obersten Finanzbehörden der Länder über die Arbeitsweise in den Veranlagungsstellen[167] u. a.:

„Bei der Bearbeitung der Steuerfälle muß auf das Wesentliche abgestellt werden. Der Aufwand bei der Bearbeitung des Falles richtet sich nach dessen steuerlicher Bedeutung ... Steuerfälle sind intensiv zu bearbeiten, soweit ... sich Zweifelsfragen von erheblicher steuerlicher Bedeutung ergeben. Darüber hinaus hat der Bearbeiter Steuerfälle im Rahmen pflichtgemäßen Ermessens intensiv zu bearbeiten, soweit er dazu einen Anlaß sieht ... In den übrigen Steuerfällen soll den Angaben der Steuerpflichtigen gefolgt werden, soweit sie schlüssig und glaubhaft sind."

Die Finanzbehörden kontrollieren also nicht entsprechend der Kontrollbedürftigkeit (so geschieht es in den Niederlanden[168]), sondern entsprechend der *„steuerlichen Bedeutung"*, d. h. der finanziellen oder fiskalischen Bedeutung der Fälle. Die Auswahl von Steuerpflichtigen für die Außenprüfung (Betriebsprüfung) geschieht ebenfalls grundsätzlich entsprechend der „steuer-

[165] Dazu *P. Neckels*, Über die Mitverantwortung der Exekutive – Eine unkonventionelle Betrachtung zur Misere des deutschen Steuerwesens ..., StWa. 1993, 61 ff.; *K. Tipke*, Das Dilemma der Finanzverwaltung. Zeitnahe oder gesetzmäßig-gleichmäßige Besteuerung, StWa. 1994. 1994, 221 ff.; *H. Egge*, Lage der Steuerverwaltung und Folgerungen, StuW 1994, 272 ff.; *R. Seer*, Möglichkeit und Grenzen eines „maßvollen" Gesetzesvollzugs durch die Finanzverwaltung, FR 1997, 553, 558 ff.

[166] *R. Seer*, FR 1997, 557.

[167] Gleichlautende Erlasse v. 19.11.1996, BStBl. I, 1391.

[168] Die Steueranmeldungen werden durch den Zentralcomputer abgeglichen. Dort sind die Informationen über die Steuerpflichtigen gespeichert, z. B. Kontenbewegungen, Kreditkartenbenutzung, Grundstücksgeschäfte, Sozialversicherungsnummer. Jeder Steuerpflichtige wird aufgrund der Erfahrungen mit ihm bestimmten Aufmerksamkeitskategorien zugeordnet (dazu DStG Dez. 1998, S. 159).

lichen Bedeutung". Je größer der Fall, desto größer die Prüfungsfrequenz. Der Vollständigkeit halber ist zu erwähnen, daß Kontrollen auch nach einem Zufallsprinzip durchgeführt werden.[169] Klagen, in denen Steuerpflichtige geltend machen, daß ihr Großbetrieb ständig von Betriebsprüfern kontrolliert werde, während Mittelbetriebe wenig, Kleinbetriebe fast gar nicht geprüft würden, werden von den Finanzgerichten als unzulässig abgewiesen. „Die Steuern werden nicht vollständig, nicht rechtzeitig und nicht gleichmäßig erhoben. Immer differenziertere rechtliche Regelungen führen in der Praxis zu Anwendungsfehlern oder Nichtbeachtung und damit zu Steuerungerechtigkeit", heißt es zusammenfassend in einem Bericht des Hamburger Rechnungshofes vom 21.1.1994 über die Lage der Steuerverwaltung.

Immerhin haben die Finanzbehörden 1997 812,8 Milliarden DM an Steuern eingenommen. *Josef Isensee* meint dazu: „Der unvoreingenommene Beobachter kann ... staunen, wie es kommt, daß trotz des desaströsen Zustandes der Steuergesetze, über den Fachleute und Laien einmütig klagen, der deutsche Steuerstaat überhaupt noch funktioniert, mögen auch einzelne Störungen und Verzögerungen immer wieder auftreten".[170] Die Antwort muß m. E. lauten:

Lohnsteuer, Kapitalertragsteuer, Versicherungsteuer und Verbrauchsteuern werden mit Hilfe der Unternehmer hereingeholt, die Grunderwerbsteuer sowie die Erbschaftsteuer unter Mithilfe der Notare und der Banken. Veranlagte direkte Steuern sind im wesentlichen nur die Einkommensteuer, die Körperschaftsteuer, die Gewerbeertragsteuer. Sie werden aber – soweit es sich nicht um private Einkünfte handelt – von der Außenprüfung kontrolliert, tatsächlich oder prophylaktisch. Soweit Steuererklärungen von Steuerberatern vorbereitet werden, spricht eine Vermutung für die weitgehende Gesetzmäßigkeit der Steuererklärung, da Steuerberater fürchten müssen, in Strafverfahren wegen Beihilfe zur Steuerhinterziehung verwickelt zu werden und im schlimmsten Fall mit einem Berufsverbot belegt zu werden, wenn sie die Steuergesetze verletzen. Steuerberater versuchen zwar, alle gesetzlichen Steuersparmöglichkeiten zu nutzen, illegales Handeln ist aber eher selten.[171] Im übrigen hat das Drohpotential der Steuerfahndung eine gewisse abschreckende Wirkung. Bei der Anwendung der desaströsen Steuergesetze verfahren die Veranlagungsstellen nach einem Bericht von *J. Jenetzky* so:

„Der Steuerbeamte verläßt sich auf den Hausgebrauch des eigenen Finanzamtes, die verblassenden Reste rechtlicher Information aus der letzten Haupt-

[169] Kritisch zur Auswahl nach möglicher fiskalischer Ergiebigkeit statt nach Kontrollbedürftigkeit *R. Seer*, FR 1997, 553, 557.

[170] StuW 1994, 4 re. Sp.

[171] Dazu *M. Streck*, Vorurteile zum Steuerberater als steuerstrafrechtlicher Mittäter, Stbg. 1998, 193 ff.

sachgebietsleiterbesprechung und bei hoher Qualifikation auf die ständige Konsultation der jeweiligen Einführungsrichtlinien (nicht aber der ergänzenden Flut von zusätzlichen Erlassen, Verfügungen und Einzelfallentscheidungen der vorgesetzten Behörden). Er vereinfacht den gebotenen Rechtsstoff, der durch Gerichtsurteile und Verwaltungsanweisungen angereichert, verfeinert und kompliziert worden ist, auf ein seinen Fähigkeiten und seinem Arbeitsanfall angemessenes Maß. Dieses verkürzte und grundrißartige Steuerrecht wendet er jetzt auf den konkreten Fall an und trifft sich dabei mit dem ähnlich empfindenden Durchschnittsberater, der auch nicht zugeben kann, daß er neben der Tagesarbeit keine Zeit findet, das volle steuerrechtliche Wissen aufzunehmen und anzuwenden ... Mit der Rechtsvereinfachung ist es aber nicht getan. Man ist auch übereingekommen, bestimmte Rechtsvorschriften allgemein nicht anzuwenden und andere Rechtsvorschriften nicht nach ihrem Sinn und Zweck im Lichte des Gleichheitssatzes, sondern strategisch zur Erfüllung des Fiskalzweckes (zu Lasten des Steuerbürgers) oder zur Arbeitserleichterung (zugunsten des Steuerbürgers) anzuwenden."[172]

Bei der Erfassung der Schattenwirtschaft, Schwarzarbeit eingeschlossen, ist auch der deutschen Finanzverwaltung bis heute fast nichts gelungen. Nach den Schätzungen der EU-Kommission beträgt die Schwarzarbeit in den EU-Ländern zwischen 7% und 16% des Bruttoinlandsprodukts, in Italien jedoch 27,3%. 3,5 Millionen Personen sollen in Italien illegal beschäftigt sein. Gut ein Viertel des Bruttosozialprodukts soll „schwarz" erzeugt werden.[173] In Deutschland wird der Steuerausfall infolge illegaler Beschäftigung zur Zeit auf 125 Milliarden Mark geschätzt.

Die Schattenwirtschaft führt zu einer erheblichen Reduktion auch des Umsatzsteueraufkommens. Da an diesem Aufkommen die Europäischen Gemeinschaften beteiligt sind, wirkt sich die Schattenwirtschaftsquote eines Landes auch auf die nach Brüssel abzuführende Mehrwertsteuer aus.

In einem auf dem 14. Steuer-Gewerkschaftstag gefaßten Beschluß heißt es: „Die Steuerverwaltung hat ein hohes Gut zu produzieren, nämlich Steuergerechtigkeit". – Nur, wenn Steuergesetze ungerecht sind, kann die an diese Gesetze gebundene Steuerverwaltung daraus keine Steuergerechtigkeit produzieren; im Gegenteil: Je intensiver sie solche ungerechten Gesetze anwendet, desto stärker leidet die Steuergerechtigkeit. Da viele Steuerpflichtige (zu Unrecht) die Mängel der Steuergesetze nicht dem fernen anonymen Gesetzgeber zurechnen, sondern den Steuerbeamten, werden diese leicht zum Puffer,

[172] *J. Jenetzky*, Die Misere der Finanzverwaltung – Über die Wirklichkeit der Steuerrechtsanwendung durch die Steuerbehörden, StuW 1982, 273, 277 re. Sp.

[173] NZZ, Fernausgabe, v. 24.3.1999, S. 41.

„zu Sündenböcken für eine kranke Steuerpolitik".[174] Von ihnen erwarten die Verantwortlichen in Steuerlegislative und -exekutive, daß sie so tun, als gäbe es gar keine Mängel.

Daß überbelastete Behörden sich auch dadurch zu entlasten suchen, daß sie bei Versäumung von Ausschlußfristen grundsätzlich ein Verschulden (s. §§ 110, 173 I Nr. 2 AO) der Bürger bejahen, verwundert nicht. Das entlastet zwar davon, sich mit dem Anspruch der Bürger selbst befassen zu müssen. Die Bürger dürfen aber nicht leichthin um ihr Recht gebracht werden.

3. Die Gerichte als Hüter der Besteuerungsmoral

(1) Wenn die Besteuerungsmoral darin besteht, daß der Gesetzgeber sich konsequent an sachgerechten Prinzipien orientiert, ihm dies aber – zusammenhängend mit dem politischen System – nicht gelingt (s. oben III 1), muß das Bundesverfassungsgericht solche Prinzipien vorgeben und, soweit es angerufen wird, konsequent umsetzen.[175]

Soweit Richter der Finanzgerichte und des Bundesfinanzhofs Gesetzesvorschriften, auf die es für ihre Entscheidung ankommt, für verfassungswidrig halten, haben sie das Verfahren auszusetzen und die Entscheidung des Bundesverfassungsgerichts einzuholen (Art. 100 GG). Infolgedessen tragen auch die Fachrichter der Finanzgerichtsbarkeit eine hohe Mitverantwortung dafür, daß das Steuerrecht seine Rechtsqualität nicht verliert, der Rechtsgedanke[176] in ihm nicht verloren geht.[177]

Vor einigen Jahren beschrieb der Richter am Finanzgericht und wissenschaftliche Mitarbeiter des Bundesverfassungsgerichts *Heinz-Jürgen Pezzer* die Mentalität vieler Finanzrichter allerdings so:

„Der Richter verfällt in rechtliche Resignation, kümmert sich nicht um ein ethisches Minimum des Steuerrechts und vollzieht als Positivist die Steuergesetze, wie sie sind: Dies ist wohl die Grundhaltung vieler Finanzrichter, die folglich die Beschäftigung mit verfassungsrechtlichen Fragen in Bezug auf das Steuerrecht für störend, kontraproduktiv, wenn nicht gar für gefährlich halten ... Neuerdings gibt es ermutigende Anzeichen, daß die Finanzgerichtsbarkeit ihre Aufgabe, das Steuerrecht mit der Sonde des Verfassungsrechts abzutasten, allmählich anzunehmen beginnt ... Letztlich dürfte ... vor allem

[174] *Deutsche Steuer-Gewerkschaft*, DStG Okt. 1999, S 121.

[175] Dazu *René Marcic*, Vom Gesetzesstaat zum Richterstaat, Wien 1957; *ders.*, Verfassung und Verfassungsgericht, Wien 1963.

[176] *K. Vogel*, Der Verlust des Rechtsgedankens ... (Fußn. 146).

[177] Dazu *M. Balke*, Finanzrichter als Garanten für Steuergerechtigkeit?, Steuerliches Journal 1993, 13 ff.: *ders.*, in: Backes u. a., Studienführer Steuerrecht, 3. Aufl., 1998, S. 102 ff.

das Bundesverfassungsgericht in der Lage sein, im Steuerrecht verfassungsrechtlichen Prinzipien zum Durchbruch zu verhelfen und für ein Mindestmaß an Ordnung zu sorgen. Dieser Aufgabe kann das Bundesverfassungsgericht am ehesten gerecht werden, wenn die Finanzgerichtsbarkeit ihre verfassungsrechtliche Prüfungskompetenz ernst nimmt und geeignete Fälle nach Art. 100 I GG vorlegt."[178]

Fachrichter, die nur die schlichte Anwendung einfacher Gesetze praktizieren, tun sich oft schwer, wenn sie reflexiv prüfen sollen, ob Gesetzesvorschriften gerecht sind, dem Gleichheitssatz entsprechen. Und auch wenn Finanzrichter einsehen, daß grobe Verstöße gegen den Gleichheitssatz durchweg erheblich schwerer wiegen als Auslegungspetitessen, um die es im einfachen Gesetz oft geht, so scheuen sie doch nicht selten die Mühen der Vorlagebegründung. Die Erfüllung der vom Bundesverfassungsgericht erdachten Anforderungen an die Zulässigkeit der Richtervorlage ist nämlich immer mehr zum Vabanque-Spiel geworden.[179] Und welcher Richter nimmt schon gern tagelange Arbeit an einer „wasserdichten" Vorlagebegründung auf sich, um dann doch zu erfahren, daß auch diese Begründung von einer Kammer des Verfassungsgerichts für noch immer nicht zureichend gehalten wird.[180]

(2) Das Grundgesetz erteilt dem Gesetzgeber keine Blankovollmacht für Gesetze beliebigen Inhalts. Es bindet die demokratisch-parlamentarische Mehrheitsherrschaft an das Recht der Grundrechte, macht die Demokratie zugleich zum Rechtsstaat. Einer Gesetzgebung Einhalt zu gebieten, die den Rahmen des Rechts, nämlich die Prinzipien der Sachgerechtigkeit, in unvertretbarer Weise verläßt, ist die Aufgabe des Bundesverfassungsgerichts. Das Bundesverfassungsgericht ist auch der Hüter der Besteuerungsmoral, der Wächter über diese Moral. Wie intensiv es seine Hüter- oder Wächteraufgabe wahrnimmt, hängt davon ab, ob es *judicial self-restraint*[181] oder *judicial activism*[182] betreibt.

178 *H.-J. Pezzer*, in: D. Umbach/Th. Clemens (Hrsg.), Bundesverfassungsgerichtsgesetz, Mitarbeiterkommentar und Handbuch, 1992, S. 67, 69, 74 (RNrn. 5, 18).

179 *E. Klein*, in: E. Benda/E. Klein, Lehrbuch des Verfassungsprozeßrechts, Heidelberg 1991, Rz. 796 a.E.

180 An überspannten Anforderungen an die Vorlagebegründung sind auch die Vorlagen des Nieders. Finanzgerichts zur Verfassungswidrigkeit der Gewerbeertragsteuer (EFG 1998, 1428; FR 1998, 1041; dazu *R. Seer*, FR 1998, 1022) und zur Verfassungswidrigkeit der Grunderwerbsteuer (BB 1998, 2353) gescheitert (s. dazu *K. Tipke*, FR 1999, 528).

181 Dafür *R. Zippelius*, Recht und Gerechtigkeit in der offenen Gesellschaft, 2. Aufl., 1996, S. 429 ff. Das Eintreten für verfassungsrichterliche Zurückhaltung hängt mit der Befürchtung zusammen, die Richter könnten sich zum Ersatzgesetzgeber aufschwingen und die Gewaltenteilung verletzten. Grenzüberschreitungen kritisierend und vor ihren Gefahren warnend auch *Klaus Stern*, in: Festschrift für *M. Kriele*, 1997, S. 411 ff. Zum Thema auch *C. Simons*, Grundrechte und Gestaltungsspielraum, 1999.

Klaus Vogel hat dazu wie folgt Stellung genommen:

„Wenn ich ... beobachte, wie wenig Hemmungen die Mehrheit der Politiker hat, Erwerb und Vermögen der Steuerzahler – der Bürger – für ihre Zwecke in Anspruch zu nehmen (Machtzuwachs, in gewissem Umfang auch Selbstbedienung, natürlich immer mit guten Gründen des Gemeinwohls kaschiert), wie für viele von ihnen die Erhöhung von Steuern die Antwort auf nahezu jedes Problem ... ist, wenn ich beobachte, wie die Verfügung über öffentliche Mittel und die Machtausübung durch solche Mittel für Politiker zur Droge wird, von der ihnen eine Entwöhnung undenkbar scheint: wenn ich all das beobachte, dann kann ich nur hoffen, daß es bei der gegenwärtigen Verfassungsrechtsprechung zu den Maßstäben und Grenzen des Steuerrechts bleibt und daß sie in gleicher Richtung fortgeführt wird.“[183]

M. E. muß man *differenzieren*: Da es richtig ist, daß „der Steuergehorsam des Einzelnen ... aus der Einsicht lebt, daß die Abgabenpflicht allen Mitbürgern nach gleichen Kriterien auferlegt ist“[184], daß „die Steuer mit der Gleichheit steht und fällt“[185], müßte es die Hauptaufgabe des Bundesverfassungsgerichts sein, den Gesetzgeber auf den Grundsatz der gleichmäßigen Besteuerung nach der Leistungsfähigkeit zu verpflichten, ihm dabei allerdings insoweit Spielraum zu lassen, als sich aus dem unbestimmten Leistungsfähigkeitsprinzip mehrere *vertretbare* Lösungen ableiten lassen. Nicht aber dürfte das Verfassungsgericht seine eigene Auffassung vom Inhalt des Leistungsfähigkeitsprinzips an die Stelle einer ebenfalls vertretbaren, konsequent durchgehaltenen Auffassung des Gesetzgebers vom Inhalt des Leistungsfähigkeitsprinzips setzen. Würde so verfahren, so würden die Grenzen der Gewaltenteilung nicht überschritten. Auch bliebe kaum Raum für Richter, subjektive politische Einstellungen in die Entscheidungen einzubringen. Daß das Bundesverfassungsgericht oft anders verfahren ist, erklärt sich so:

182 Dafür *E. von Hippel*, Rabels Zeitschrift 1998, 172 („Während man dieses Gericht heute wegen der parlamentarischen Entscheidungsdefizite eher dazu ermuntern sollte, seine Kontrollmöglichkeit stärker zu nutzen, so z. B. auf den Gebieten des Steuerrechts, des Subventionsrechts ...); s. auch *K. Vogel*, Der Verlust des Rechtsgedankens im Steuerrecht als Herausforderung an das Verfassungsrecht, DStJG Bd. 12 (1989), S. 123 ff.; 131ff.; *J. Lang*, in: Festschrift für M. Kriele, 1997, S. 965 f.; 975; *ders.*; in: K. Tipke/J. Lang, Steuerrecht, 16. Aufl., 1998, § 4 Rz. 74, 220.

183 *K. Vogel*, Verfassungsrechtsprechung zum Steuerrecht 1999, S. 23. Gedacht ist an die Rechtsprechung des II. Senats des Bundesverfassungsgerichts unter dem Einfluß von *P. Kirchhof*. *J. Isensee*, StuW 1994, 6 re. Sp., wendet sich dagegen, „das Unbehagen am Bundesverfassungsgericht abzureagieren“. Das Bundesverfassungsgericht habe sich seine Rolle als Ersatzgesetzgeber nicht ausgesucht.

184 *J. Isensee*, in: Festschrift für W. Flume, Bd. II, 1978, S. 132.

185 *J. Isensee*, StuW 1994, 7 re. Sp.

(1) Steuern *als solche* und ihre Bemessungsgrundlagen als solche prüft das Bundesverfassungsgericht nicht darauf, ob sie gleichmäßiger Besteuerung nach der Leistungsfähigkeit genügen, weil Art. 105, 106 GG die dort erfaßten Steuern gegen den Gleichheitssatz (Art. 3 GG) immunisiere (s. dazu auch oben S. 29ff.). Daher soll der Gesetzgeber berechtigt sein, die eine Steuerquelle auszuschöpfen und eine andere, gleichartige nicht. Der Konsequenzgedanke soll nur im Binnenbereich einer Steuer gelten.[186]

(2) Das Bundesverfassungsgericht versteht den Gleichheitssatz im Anschluß an *G. Leibholz*[187] in vielen Entscheidungen als *Willkürverbot*. Danach ist der Gleichheitssatz verletzt, „wenn sich ein vernünftiger, sich aus der Natur der Sache ergebender oder sonstwie einleuchtender Grund für die gesetzliche Differenzierung oder Gleichbehandlung nicht finden läßt, kurzum, wenn die Bestimmung als willkürlich bezeichnet werden muß".[188] Das ist eine Anwendung des Gleichheitssatzes ohne Vergleichsmaßstab. Ohne Orientierung an einem sachgerechten Vergleichsmaßstab wird nach einem sachlichen Grund für eine Vorschrift gesucht. Der Beurteilungs- oder Gestaltungsspielraum des Gesetzgebers reicht bis an die Grenze der Willkür. Bei der Gestaltung von Steuervorschriften soll der Gesetzgeber berechtigt sein, sich von finanzpolitischen, volkswirtschaftlichen und sozialpolitischen Motiven leiten zu lassen.[189]

In Österreich brauchen Arbeitnehmer, die ein 13. und 14. Monatsgehalt beziehen, dieses grundsätzlich mit nur 6% zu versteuern (§ 67 österr. EStG). Ein Freiberufler begehrte, seinen Jahresgewinn ebenfalls in vierzehn Teile aufzuteilen und den 13. und 14. Teil des Gewinns mit 6% zu versteuern. Der österreichische Verfassungsgerichtshof entschied: Die Fälle seien nicht vergleichbar, der Beschwerdeführer sei kein Arbeitnehmer. Das hatte er natürlich nicht geltend gemacht, sondern behauptet, daß Arbeitnehmer und Freiberufler mit gleich hohem Einkommen gleich leistungsfähig seien, die Ungleichbehandlung ihrer Leistungsfähigkeit den Gleichheitssatz verletze. Der österreichische Verfassungsgerichtshof hat hier irgendeine Ungleichheit herangezogen, aber keinen Vergleichsmaßstab genannt. Das deutsche Verfassungsgericht hätte in einem solchen Fall möglicherweise versucht, Willkür zu verneinen. Immerhin hat es die Steuerfreiheit der Abgeordnetendiäten für verfassungs-

186 BVerfGE 13, 203; 65, 354; 84, 271. – Der Ansicht von *K. Vogel*, DStJG Bd. 12 (1989), S. 135, bei den großen Unterscheidungen der Steuergesetze sei der Gesetzgeber weitgehend frei, vermag ich nicht zu folgen: Er ist gerade bei den großen Unterscheidungen an das Leistungsfähigkeitsprinzip gebunden. Wenn die fundamentalen Prinzipien nicht sachgerecht sind, werden davon auch die Subprinzipien und Unterregeln infiziert.

187 *G. Leibholz*, Die Gleichheit vor dem Gesetz, 1925, 2. Aufl. 1959.

188 BVerfGE 1, 52 und fortlaufend; 82, 239, 271; 83, 395, 401; 84, 348, 359; BStBl. 1999 II, 509, 511.

189 BVerfGE 13, 181, 202 f.; 74, 182, 200; 81, 108, 117; BStBl. 1999 II, 152, 156.

widrig erklärt.[190] Ob es den österreichischen Richtern, die selbst auch in den Genuß der Vergünstigung kommen, nicht gelungen war, sich den *John Rawl'*-schen *veil of ignorance* vorzuhängen oder ob sie nicht wußten, wie man mit dem Gleichheitssatz umgeht, ist offen.

Der Verzicht auf eine wirkliche Vergleichung und der Verzicht, Steuervergünstigungen darauf zu prüfen, ob sie für die Erreichung des Vergünstigungsziels überhaupt geeignet, erforderlich und verhältnismäßig sind, dazu die Hinnahme der Tatsache, daß Steuervergünstigungen, die die Bemessungsgrundlage der progressiven Einkommensteuer schmälern, ihre begünstigende Wirkung perverserweise mit wachsendem Einkommen vergrößern, hat die Bahn frei gemacht für die Entwicklung des Steuerrechts zum undurchsichtigen Steuerdickicht und zum Steuerchaos.

Paul Kirchhof war der erste Verfassungsrichter, der mit einer fertigen Steuertheorie im Kopf zum Verfassungsgericht kam; diese seine Theorie hat er bei sich bietender Gelegenheit präzise umgesetzt. Nachdem frühere Richtervorlagen und Verfassungsbeschwerden, die die ungleichmäßige Bewertung des Grundvermögens und des Finanzvermögens gerügt hatten, abgewiesen worden waren[191], hat unter *P. Kirchhofs* maßgebendem Einfluß der 2. Senat des Bundesverfassungsgerichts die ungleichmäßige Bewertung endlich als Verstoß gegen den Gleichheitssatz gewertet.[192] Ein besonderes Verdienst liegt auch in der bahnbrechenden Entscheidung, daß die Rechtsanwendungsgleichheit eine unverzichtbare Komponente des Gleichheitssatzes, im Steuerrecht: des gleichen Belastungserfolgs, ist.[193] *P. Kirchhofs* Hauptanliegen ist aber wohl die Durchsetzung des Schutzes von Ehe und Familie (Art. 6 GG) im Steuerrecht[194] und vielleicht noch mehr die Aktivierung des vernachlässigten Freiheitsprinzips, insbesondere des Art. 14 GG im Steuerrecht (dazu oben B I 4).[195]

Gerade, wenn es um die Berufung auf das Freiheitsprinzip und das Sozialstaatsprinzip oder um das Verhältnis dieser Prinzipien zueinander geht, ist m. E. aber *judicial self-restraint* geboten. Den sich auch in der Gesetzgebung niederschlagenden Wertepluralismus zu restringieren, kann grundsätzlich nicht Aufgabe des Verfassungsgerichts sein.[196]

190 BVerfGE 40, 296.
191 BVerfGE 23, 242, 254; 41, 269, 284; 65, 160, 168; 74, 182, 200; 89, 329, 336.
192 BVerfGE 91, 121: 93, 165.
193 BVerfGE 84, 239.
194 BVerfGE 87, 153; 89, 346; 91, 93; BVerfG FR 1997, 156.
195 Dazu BVerfGE 91, 121; 93, 165. – Zu *P. Kirchhofs* „Weltanschauung" *R. Zuck*, NJW 2000, 1087f.
196 „Die Gesetze haben die Funktion, ein ausgewogenes Verhältnis von Freiheit, Gleichheit und Solidarität zu gewährleisten (*H. Weber-Grellet*, Rechtsphilosophie, 1997, S. 3). – S. auch *R. Zuck*, NJW 2000, 1088; Guggenberger/Würtenberger (Hrsg.), Hüter der Verfassung oder Lenker der Politik?, 1998.

Das Grundgesetz bringt die Grundwertungen in kein Verhältnis. Das schafft Freiraum für Subjektivismus. Daß auch Verfassungsrichter den verschiedenen Wertungen (*value judgements*) unterschiedliches Gewicht beimessen, verwundert nicht. Auch sie entstammen einem bestimmen Milieu, leben in einem bestimmten Umfeld, sind nicht frei von Einflüssen und Vorurteilen, die Tradition, Erziehung, Umgang und Zeitgeist ihnen vermitteln. Alle diese Einflüsse, auch die politische Einstellung und das Geschlecht können sich auswirken, wenn es um das „Menschenbild" (der Mensch, ein isoliertes Individuum oder der Mensch, ein soziales Wesen), um Freiheit und Solidarität geht. So läßt sich – Goethe abwandelnd – zu mancher Entscheidungsbegründung sagen:

„Was ihr den Geist des Grundgesetzes heißt, das ist im Grunde der Herren eigener Geist."

Das hat sich auch in Kanada gezeigt. Dort wurde 1982 die *Charta of Rights and Freedoms* in Kraft gesetzt. Sie führte zu einem erheblichen Machtzuwachs der Richter. Kritiker sprechen aufgrund der Erfahrungen mit der Rechtsprechung immer wieder von *government of the judiciary* oder gar von *tyranny of judges* und beklagen, daß die *balance of power* nicht mehr ausbalanciert sei, es vielmehr zu einem richterlichen Vorrang im gesellschaftspolitischen Wertebildungsprozeß gekommen sei. Richter, so wird kritisiert, läsen selbstgerecht ihre eigenen politischen Vorlieben in die Grundrechte hinein, weibliche Richter insbesondere ihre feministischen Anliegen. Auch von akademischen Verteidigern der Charta wird eingeräumt, daß manches richterliche „Interpretations"-Ergebnis an den Haaren herbeigezogen sei. Richter, die sich für ideologiefrei halten, unterliegen vielleicht einer Selbstillusionierung.[197]

Wer ist denn ohne den Willen zur Dezision in der Lage, aus Art. 6 GG im Zusammenhang oder ohne Zusammenhang mit anderen Verfassungsvorschriften abzuleiten, daß für jeden Steuerpflichtigen der Wert eines durchschnittlichen Einfamilienhauses (persönliches, der Lebensführung dienendes Gebrauchsvermögen) vermögensteuerfrei und erbschaftsteuerfrei bleiben muß.[198], zumal wenn er erfährt, daß die Vermögen- und Erbschaftsteuergesetze der anderen EU-Länder (deren Verfassungen auch Ehe und Familie schützen) nicht annähernd so hohe Freibeträge kennen. Das Niedersächsische Finanzgericht[199] hatte aus dem Schutz des durchschnittlichen Einfamilienhauses geschlossen, daß derjenige, der noch gar kein Einfamilienhaus besitze,

[197] Dazu *Chr. Jaekl*, Kanada auf dem Weg zum Richterstaat. Wachsende Kritik an der Politisierung der Justiz, NZZ, Fernausgabe, Nr. 108/1999, S. 6.

[198] So der 2. Senat BVerfGE 93, 121 zur Vermögensteuer und BVerfGE 93, 165 zur Erbschaftsteuer.

[199] EFG 1997, 1526.

sondern erst noch eines erwerben möchte, von der Grunderwerbsteuer befreit werden müsse. Wenn Eigentum an einem Einfamilienhaus vom Vermögen- und Erbschaftsteuergesetz zu respektierende Freiheit bedeutet, ist es dann in der Tat nicht inkonsequent, diejenigen, die noch kein Einfamilienhaus haben, durch eine Grunderwerbsteuerbelastung am Erwerb von entsprechender Freiheit durch ein Einfamilienhaus zu hindern? Der 1. Senat (3. Kammer) des Bundesverfassungsgerichts hat sich so beholfen: Es gebe keinen Verfassungsrechtssatz des Inhalts, daß persönliches Gebrauchsvermögen *ungeachtet der Steuerart* von jeglicher Steuer freizustellen sei.[200] Ein sozialistischer Richter würde es wohl auch fertigbringen, aus dem Sozialstaatsprinzip abzuleiten, daß Reiche *mindestens* die Hälfte ihres Einkommens als Steuer abführen müssen.

Einen Teil seiner Wirkung hat das Bundesverfassungsgericht sich dadurch genommen, daß es im Steuerrecht den Gesetzgeber aus Rücksicht auf den Haushalt zu oft nur noch *pro futuro* verpflichtet und für die Vergangenheit den verfassungswidrigen Zustand sanktionslos hinnimmt. Das führt dazu, daß der Gesetzgeber seine Verantwortung für das Recht immer weiter vernachlässigt, evidente Verfassungswidrigkeiten nicht von sich aus beseitigt, weil er durch die BVerfG-Entscheidung allenfalls für die Zukunft zum Handeln verpflichtet wird. Gäbe es die kritisierte[201] Verfassungsgerichtspraxis nicht, so müßte der Fiskus Rücklagen für den Fall des Prozeßverlustes bilden. Aber in Anbetracht der jetzigen Verfassungsgerichtspraxis gilt auch hier: Eher legt ein Hund einen Wurstvorrat an, als daß der Staat etwas zurücklegt.

IV. Steuermittelverschwendung als Mangel an Staatsmoral

Geht es die Steuerbürger *rechtlich* etwas an, wofür Staat und Kommunen die vereinnahmten Steuergelder verwenden?

Das Parlament hat das Budgetrecht, und die Gerichte haben grundsätzlich nicht darüber zu befinden, wofür im Haushaltsplan welche Mittel bereitgestellt werden. *Paul Kirchhof* hat schon in seinem 1980-Vortrag vor der Staatsrechtslehrervereinigung ausgeführt:

„Ein aus dem Eigentum abgeleitetes Individualrecht kann andererseits nicht die finanzstaatlichen Aufgaben und damit den Steuerbedarf in Grenzen weisen. Eigentum vermittelt keinen Einfluß auf staatliches Finanzgebaren. Der Staat schafft vielmehr bewußt Distanz zwischen Steuerzahler und steuer-

[200] BStBl. 1999 II, 152.
[201] *R. Seer*, NJW 1996, 285; K.-D. Drüen, FR 1999, 289 ff.

abhängigem Leistungspotential, um seine Unbefangenheit gegenüber jedem Bürger unabhängig von dessen Steuerbelastung zu wahren. Ein Grundrecht gibt dem Steuerpflichtigen nicht die Befugnis, dem Staat bestimmte Finanzierungsvorhaben zu verwehren, die Art der Haushaltswirtschaft vorzuschreiben oder der Haushaltsplanung Höchstsummen oder Anteilsquoten vorzugeben. Die Gesamtsumme der Staatsausgaben könnte nur festgeschrieben werden, wenn zugleich die finanzwirksamen Staatsaufgaben abschließend begrenzt würden."[202, 203]

Was aber, wenn aus der Unbefangenheit des Ausgabengebarens Unverschämtheit wird, unverschämte Verschwendung von Steuermitteln? In der Realität hatte sich das Parlament über Jahrzehnte vom Ausgabenbremser in einen Ausgabentreiber verwandelt.[204] Der Bund der Steuerzahler hat laufend Grund, die Verschwendung von Steuermitteln durch Politiker und Behörden anzuprangern. Seit 1974 veröffentlicht er jährlich ein „Schwarzbuch der öffentlichen Verschwendung". Wir erfahren über grobe Fehlplanungen, Fehlinvestitionen und Fehlanschaffungen, über „unsinnige Projekte", über überteuerte Behördenbauten bis hin zu Luxus-Gefängnissen, über parteipolitische Ämterpatronage, bürokratische Aufblähungstendenzen, über unnötige oder unzweckmäßige Subventionen, über Mißmanagement und „finanziellen Schlendrian". Die Brüsseler Bürokraten haben sich den Ruf erworben, in besonders großzügiger Weise mit dem Geld der Steuerzahler umzugehen. Diese Bürokratie sei geprägt von Günstlings- und Vetternwirtschaft, von Inkompetenz, Korruption, Verantwortungslosigkeit und versagender Kontrolle, kann man lesen.[205]

Klaus Vogel erklärt den leichtfertigen, sorglosen Umgang mit Steuergeld so: „Macht ist eine Droge; aber die gefährlichste aller Drogen ist es, über das Geld anderer verfügen zu können. Denn da kann Macht durch die Bestimmung über Geld ausgeübt werden, ohne daß der Mächtige (der Volksvertreter, der Ober-

[202] VVDStRL Heft 39 (1981), S. 251 f.; s. auch schon *P. Kirchhof*, Besteuerungsgewalt und Grundgesetz, 1973, S. 24 ff.; *ders.*, JZ 1979, 153, 158; *ders.*, StaW 1985, 319, 320; s. auch *J. Isensee*, Steuerstaat als Staatsform, in: Festschrift für H.P. Ipsen, 1977, S. 409, 423. A.A. *H.H. von Arnim*, der für „einen Durchgriff auf die Verwendungszwecke" eintritt, weil Art. 14 GG eine Bindung des Ausgaben-Gesetzgebers an das Wirtschaftlichkeitsprinzip bewirke (VVDStRL Heft 39 [1981], S. 311 ff.).

[203] In Art. 31 II der spanischen Verfassung von 1978 ist bestimmt: „Die öffentlichen Mittel sind gerecht zu verteilen; Planung und Durchführung unterliegen den Kriterien der Effizienz und der Wirtschaftlichkeit". Aber die Realität sieht auch in Spanien anders aus.

[204] *H.H. von Arnim*, Staatslehre der Bundesrepublik Deutschland, 1984, S. 488.

[205] Inzwischen hat sich die (neue) EU-Kommission einen Verhaltenskodex zugelegt. Nach dem Ausscheiden von Kommissaren aus dem Amt kann innerhalb eines Jahres eine Ethikkommission das frühere Verhalten von Kommissaren prüfen.

bürgermeister, der Ministerpräsident) auch nur auf einen Pfennig eigenen Geldes, somit eigenen Lebensgenuß verzichten müßte".[206]

Immer wieder wird Politikern vorgeworfen, sie dächten mehr an das eigene Wohl als an das Gemeinwohl, bewilligten sich üppige Übergangsgelder, stattliche Pensionen und Zahlungen aus mehreren Kassen; noch aus dem Verlust ihres Amtes machten sie ein Geschäft.

An der Kritik des Bundes der Steuerzahler scheinen die Verschwender sich gewöhnt zu haben; vom Rechnungshof haben sie ohnehin kaum etwas zu befürchten.[207]

Die Steuerhinterziehung wird bestraft, die Steuermittelverschwendung nicht, obwohl nicht gerade wenig über die Strafwürdigkeit der Steuermittelverschwendung nachgedacht worden ist, vor allem auf Anstoß des Bundes der Steuerzahler.[208] „Der Staat, der von seinen Bürgern Steuermoral fordert und diese mit scharfen Sanktionen durchsetzt, ist Verschwendern gegenüber ... ungleich nachsichtiger", so der Bund der Steuerzahler.[209]

Aber *was ist Verschwendung*? Daß die Verwendung von Steuermitteln Gemeinwohlzwecken dienen soll, ist unbestritten, aber unter Gemeinwohl verstehen Politiker verschiedener Richtungen verständlicherweise nicht dasselbe. Über die Frage, was dem Gemeinwohl dient, läßt sich in einer pluralistischen Gesellschaft trefflich streiten. Unter welchen Voraussetzungen dient eine Wirtschafts-, Agrar-, Sozial-, Kultur-, Innen- oder Außenpolitik dem Gemeinwohl? Was ist ein „überflüssiges Prestigeobjekt"? Welcher Repräsentationsaufwand ist übertrieben? Wie viele Informationsreisen von Parlamentariern sind geboten oder wenigstens zweckmäßig? Wann liegt Mißbrauch von Steuermitteln für Wahlkampfzwecke vor? Dient die Subventionierung des Karnevals dem Gemeinwohl?[210]

[206] DStJG Bd. 12 (1989), S. 128.

[207] Der unabhängige Rechnungshof prüft „die Rechnung sowie die Wirtschaftlichkeit und Ordnungsmäßigkeit der Haushalts- und Wirtschaftsführung" und berichtet der Bundesregierung, dem Bundestag und dem Bundesrat jährlich über seine Feststellungen (Art. 114 GG). Über die Ohnmacht des Rechnungshofs *H. H. von Armin*, Staatslehre (Fußn. 204); S. 394 ff.; *Udo Müller*, Gegen die Ohnmacht der Rechnungshöfe. Plädoyer für eine wirksame Finanzkontrolle, in: Verwaltungsführung, Organisation, Personalwesen (Zeitschrift) 1993, 311 ff.

[208] Dazu *G. Kohlmann/Brauns*, Zur strafrechtlichen Erfassung der Fehlleitung öffentlicher Mittel, Gutachten für den Bund der Steuerzahler, 1979; *H. W. Neye*, Die „Verschwendung" öffentlicher Mittel als strafbare Untreue, NStZ 1981, 369 ff.; *G. Wolf*, Die Strafbarkeit der rechtswidrigen Verwendung öffentlicher Mittel, 1997, mit umfassenden Nachweisen.

[209] Der Steuerzahler, Okt. 1998, S. 167.

[210] In Spanien erhalten die Züchter von Kampfstieren hohe Subventionen aus Steuermitteln. Tierschützer werden wohl kaum akzeptieren, daß der Stierkampf dem Gemeinwohl diene.

Allerdings kennt das Strafgesetzbuch den Tatbestand der Untreue (§ 266 I StGB). Wer gegen Haushaltsrecht verstößt, wird aber nach ständiger Rechtsprechung nicht wegen Untreue bestraft, wenn er dem Staat dadurch keinen Vermögensschaden zufügt, weil der Staat für das unter Verstoß gegen Haushaltsrecht Ausgegebene einen Gegenwert erhält.

Im Lande Brandenburg hatten Beamte entgegen dem Haushaltsrecht 20 Millionen DM Fördermittel des Sozialministeriums nicht fristgemäß ausgegeben, sondern zunächst auf Sonderkonten geparkt und später verwendet. Das Landgericht Potsdam sprach 1999 die Beamten frei, da zwar ein Vermögensverlust für Brandenburg eingetreten, dem Land aber nicht vorsätzlich geschadet worden sei.

C. STEUERETHIK FÜR STEUERBÜRGER

I. Über Steuerpflicht und ihre Vermeidung oder Verletzung

Anders als ausländische Verfassungen bestimmt das deutsche Grundgesetz nichts über Pflichten von Steuerbürgern, wie das Grundgesetz denn überhaupt dadurch auffällt, daß es fast nur Rechte der Bürger statuiert. Hingegen bestimmen z. B. die Verfassungen von Rußland von 1993 (Art. 57), von Ägypten von 1971/80 (Art. 61), des Irak von 1979 (Art. 35), des Jemen von 1991 (Art. 58), von Syrien von 1973 (Art. 41), von Tunesien von 1959 (Art. 16), der Vereinigten Arabischen Emirate von 1971 (Art. 42) und von Kuwait von 1962 (Art. 48), daß jeder verpflichtet ist, die vom Gesetz festgelegten Steuern zu zahlen o. ä.[211]

Damit wird eine Selbstverständlichkeit ausgedrückt; Gesetze sind allgemein verbindliche Regelungen. „Gesetze zu befolgen, ist – auch – eine moralische Pflicht."[212] Selbstverständlich ist es aber nicht, daß Gesetze auch wirklich befolgt werden. Gesetz und Gesetzeswirklichkeit fallen immer mehr oder weniger weit auseinander. Obwohl die russische Verfassung ausdrücklich jedermanns Pflicht betont, die gesetzlich festgelegten Steuern zu zahlen, ist die Steuerzahlungsmoral – nach allem, was man darüber von russischen Steuerfachleuten hört und in Zeitungen liest – in Rußland außerordentlich schlecht. Nach einer Erklärung des Leiters der russischen föderalen Steuerpolizei, *Wjatscheslaw Soltaganow*, entrichtet nur 1% der Bevölkerung Rußlands die Steuern ordentlich und gewissenhaft. Die anderen zahlen entweder nichts oder deutlich zu wenig.[213]

Der Steuerpflicht können die Steuerpflichtigen sich entziehen durch Steuervermeidung, Steuerumgehung oder Steuerhinterziehung.[214]

211 Andere, dem Verfasser nicht bekannte Verfassungen mögen gleiche oder ähnliche Bestimmungen enthalten.

212 *K. Vogel*, Gesetzesgehorsam als rechtsethisches Problem, in: Festschrift für W. Fikentscher, 1998, S. 215, unter Hinweis auf *Immanuel Kant*.

213 Wahrscheinlich ist das nur der allgemeine, statistisch nicht belegbare und belegte Eindruck des obersten russischen Steuerpolizisten.

214 Der (Steuer-)Ökonom *Dieter Schneider* weicht vom steuerjuristischen Sprachgebrauch insofern ab, als er den Begriff „Steuervermeidung" als Oberbegriff verwendet. Er unterscheidet zwischen Steuervermeidung durch Nicht-Verwirklichung steuerbarer Tatbestände, Steuervermeidung durch rechtlich zulässige Gestaltungen bei der Verwirklichung steuerbarer Tatbestände und gesetzeswidriger Steuervermeidung (Der Betrieb 1997, 485 ff.). Die Steuervermeidung durch illegale Gestaltung (Steuerumgehung) erwähnt D. Schneider nicht.

Wer sich so verhält, daß er den Tatbestand des Gesetzes nicht erfüllt und dadurch die Rechtsfolge „Steuer" *vermeidet*, handelt nicht ungesetzlich. Jeder darf sich so einrichten, daß er möglichst wenig Steuern zahlt. Die bewußte, planmäßige Steuervermeidung ist eine legale Form des Steuerwiderstandes. Sie ist nicht unmoralisch. Das ist wohl in allen freiheitlichen Rechtsstaaten anerkannt.[215]

Dabei ist es unerheblich, ob der Steuerbürger den Tatbestand durch sein faktisches Verhalten nicht erfüllt (etwa nicht arbeitet und daher kein Einkommen erzielt, oder nicht raucht) oder ob er zusammen mit seinem Steuerberater eine rechtliche Gestaltung findet, die zu einer Vermeidung oder Minderung der Steuer führt. *D. Schneider* hält solche Gestaltungen nicht nur nicht für unmoralisch, sondern als „Erziehungsmaßnahme für Gesetzgebende" für „ethisch geboten".[216] Es wäre außerordentlich zu begrüßen, wenn die von *D. Schneider* propagierte Lern- und Erziehungsmethode Wirkungen zeigen würde. Leider hat der Gesetzgeber sich bisher aber als nicht lernfähig und erziehbar erwiesen. Im Gegenteil: Dadurch, daß der Gesetzgeber versucht, legalen, aber von ihm für unerwünscht gehaltenen Gestaltungen den legalen Boden durch Gesetzesänderungen oder -ergänzungen zu entziehen, werden die Gesetze noch komplizierter.[217]

Wer das Gesetz, aus dem sich als Rechtsfolge eine Steuerschuld ergibt, *umgeht*, *in fraudem legis* agiert, handelt steuerunmoralisch. Strafbar macht er sich aber nur, wenn er der Finanzbehörde dazu falsche Angaben macht.[218]

Wer die nach dem Gesetz geschuldeten Steuern nicht erklärt, sondern *hinterzieht*, handelt gesetzwidrig und grundsätzlich unmoralisch.[219] Über Ausnahmen und die Frage der Strafbarkeit s. unten D (S. 94ff.).

Steuerpflichtige haben auch Verfahrenspflichten zu erfüllen. Die Abgabenordnung macht sie zu Aufklärungsgehilfen gegen sich selbst (s. § 90 AO).

[215] Dazu BFH BStBl. 1992 II, 541, 542; *K. Tipke*, An den Grenzen der Steuerberatung: Steuervermeidung, Steuerumgehung, Steuerhinterziehung, StbJb. 1972/73, 509 ff.; International Fiscal Association (Hrsg.), Steuervermeidung/Steuerhinterziehung, Cahiers de droit fiscal international, Vol. LXVIIIa, Deventer 1983; *A. Steichen*, Manuel de droit fiscal; Tome 1. Luxembourg 1996, S. 379: „Le choix de la voie la moins imposeé". *J. Tiley* nennt tax avoidance „the lawful disposition of one's resources in such a manner as to reduce the tax burden falling on them". Aber er sagt auch: „The avoidance of tax may be lawful, but it is not yet a virtue". (*J. Tiley*, Revenue Law, London 1978, S. 22 f.). In den 70er Jahren wurde eine Diskussion über die Frage geführt, ob die Ausnutzung steuergesetzlicher Unzulänglichkeiten illegitim oder illegal sei. Letzteres wurde durchweg verneint (*W. Friedrich*, DB 1976, 354; *R. Thiel*, FR 1976, 63; anders aber *Th. Menck*, DB 1975, 1859).

[216] Der Betrieb 1997, S. 485, 487.

[217] S. dazu auch unten C II 5: „Der legalistische Steuervermeider".

[218] Dazu *K. Tipke* (Fußn. 215).

[219] Der Katechismus der katholischen Kirche nennt die Steuerhinterziehung „sittlich verwerflich" (S. 607, Tz. 2409).

Steuerpflichtige haben insbesondere Steuererklärungen abzugeben und die darin verlangten Angaben nach bestem Wissen und Gewissen zu machen (§ 150 II AO). Wenn Steuerpflichtige die zu beantworteten Fragen allerdings gar nicht verstehen, wenn sie überhaupt kein steuerrechtliches Wissen haben, wie fast alle Steuerlaien nicht einmal den Gesetzestext besitzen, geschweige denn Rechtsprechungssammlungen, Lehrbücher und Kommentare, so hilft ihnen ihr Gewissen auch nicht weiter.

Wer keine Steuerrechtskenntnisse hat, darf seine Steuererklärung nur zur Niederschrift der Finanzbehörde abgeben, wenn er sich keinen Steuerberater[220] leisten kann (s. § 151 AO). Einen Steuerberaterzwang sieht die Abgabenordnung auch für Steuerlaien nicht vor. Nach § 80 I AO *kann* ein Steuerpflichtiger sich von einem zur geschäftsmäßigen Steuerberatung zugelassenen Bevollmächtigten vertreten lassen. Wer das nicht tut und aus Unkenntnis eine unrichtige Steuererklärung abgibt, muß aber mit einem Verfahren wegen leichtfertiger Steuerverkürzung rechnen (§ 378 AO). Das überrascht Steuerpflichtige manchmal, weil § 80 I AO solche Folgen nicht erkennen läßt. § 80 I AO müßte ehrlicherweise lauten: „Wer keine für die Abgabe von Erklärungen ausreichenden Steuerrechtskenntnisse hat, muß sich durch einen Bevollmächtigten informieren lassen". Die Erfahrung lehrt, daß Steuerlaien fast nie in der Lage sind, richtige Steuererklärungen abzugeben. Statt die Strafsachenstelle einzuschalten, sollten die Finanzbehörden besser zunächst zur Zuziehung eines Beraters raten (s. auch unten S. 87, 101). Weder Steuerpflichtige noch ihre Berater müssen m. E. bei Abgabe der Steuererklärung die Richtlinien der Finanzverwaltung und die Rechtsprechung des Bundesfinanzhofs heranziehen. Hätte das Gesetz das gewollt, so hätte es das anordnen können.[221]

II. Einstellungen zur Steuerpflicht

Oswald Spengler[222] hat den Steuerzahler als ein Wesen bezeichnet, das aus einer „Mischung von Gerechtigkeitssinn, Neid, Ärger und Verschmitztheit" bestehe. In der Tat, mehrere Seelen dürften auch in mancher Steuerzahlerbrust wohnen. Der Versuch der nachfolgenden Kategorisierung verschiedener Einstellungen zur Steuer will auch nicht ausdrücken, daß sich die Einstellungen

220 Den Begriff „Steuerberater" verwende ich der Einfachheit halber für alle Angehörigen der steuerberatenden Berufe.

221 Dazu *K. Tipke/H.W. Kruse*, Komm. zur Abgabenordnung/Finanzgerichtsordnung, 16. Aufl., § 150 AO Tz. 11f.; § 173 Tz. 79; *v. Groll* in Hübschmann/Hepp/Spitaler, Komm. zur Abgabenordnung/Finanzgerichtsordnung, 10. Aufl., § 173 Tz. 282 ff.

222 *O. Spengler*, Neubau des Reiches, 1924, S. 82.

trennscharf unterscheiden ließen. Die gewählte Reihenfolge ist eine zufällige. Irgendwelche Schlüsse können und sollen aus ihr nicht gezogen werden.

1. Der homo oeconomicus

Der *homo oeconomicus* denkt an seinen wirtschaftlichen Vorteil und anerkennt keine moralischen Verhaltenspflichten. Er pflegt einen rational-egoistischen Individualismus. Für ihn ist alles Recht, was ihm nützt. Geldwertes ist für ihn die einzige Determinante für Lebensqualität. Er kalkuliert aber das Entdeckungsrisiko ein, weil Strafen auch wirtschaftlich nachteilig sind. Je nach dem Grad dieses Risikos handelt er so oder so. Hat er einen Steuerberater, so pflegt er auch diesen nicht in den wahren Sachverhalt einzuweihen, wenn er ihn nicht als Komplizen gewinnen kann. Der *homo oeconomicus* weiß, daß auch er den Staat braucht und der Staat auf Steuern angewiesen ist. Er überläßt das Steuerzahlen jedoch den anderen und zieht selbst das „Trittbrettfahren" (*free-riding*)[223] vor. Daß andere für ihn mitbezahlen müssen, bereitet ihm keine Skrupel. Außerdem weiß er, daß andere in der Regel wegen des Steuergeheimnisses von seinem gemeinschaftswidrigen Verhalten nichts erfahren.[224]

2. Der Aufrechner

Auch der Aufrechner weiß, daß er auf die staatlichen und kommunalen Leistungen angewiesen ist, daß er nicht für sich Straßen, Schulen, Krankenhäuser etc. bauen kann. Aber er ist davon überzeugt, daß die öffentliche Hand ein großer Verschwender sei, im übrigen Minderleistungen erbringe, was auch den Steuerzahler zur Minderung berechtige. Viele Steuerpflichtige halten noch immer die Steuer für gerecht, für die es eine dem Wert der Steuer entsprechende Gegenleistung gibt. Das ist vor allem bei großen Steuerpflichtigen selten der Fall.[225]

[223] Zum „Trittbrettfahren" ausführlich O. *Höffe*, Politische Gerechtigkeit, 1987, S. 412 ff.; s. auch W. *Reese-Schäfer*, Grenzgötter der Moral, 1997, S. 195.

[224] Illegales Handeln schließt der Begriff des homo oeconomicus allerdings *nicht notwendig* ein. – Zur ökonomischen Theorie der Steuerhinterziehung *Hundsdörfer*, Die Steuerhinterziehung und ihre Integration in betriebswirtschaftliche Entscheidungsmodelle, 1996; *R.-Chr. Bayer/ N. Reichl*, Ein Verhaltensmodell zur Steuerhinterziehung, 1997. *D. Schneider*, Der Betrieb 1997, 487 re. Sp.

[225] *D. Schneider* erwähnt, daß klassische Nationalökonomen noch im 19. Jahrhundert behauptet hätten, eine über den Preis staatlicher Gegenleistung hinausgehende Steuer sei eine „Banditenforderung"; er verweist auch auf *John Stuart Mills* Äußerung (von 1848), daß eine progressive Einkommensteuer eine milde Form der Räuberei sei (Der Betrieb 1997, 487 re. Sp.). Aber das ist Geschichte. Die staatliche Gegenleistung ist nicht bewertbar und der progressive Einkommensteuertarif liegt im Sinne des Sozialstaatsprinzips.

Andere Aufrechner sind der Meinung, daß der Staat sich selbst eklatant besteuerungsunmoralisch verhalte, insbesondere die Ungleichmäßigkeit der Besteuerung zu verantworten habe. Daher könne er keine Vollmoral verlangen, sondern müsse eine Minderung der Steuer hinnehmen.

3. Der Staatsverdrossene

Den Staatsverdrossenen verdrießt meist die ganze politische Richtung. Er hat daher dem Staat innerlich gekündigt, sich ihm entfremdet; er sagt sich: Für diese Politik muß man so wenig wie möglich ausgeben, um ihr die finanzielle Grundlage zu entziehen. Die Verdrossenheit muß nicht die Staatsform betreffen; auch eine bestimmte Politik, insbesondere eine exzessive Sozialpolitik, kann verdrießen. Wer meint, der Staat verschwende zuviel Geld an Asoziale aus aller Welt und beute zu deren Gunsten seine Leistungsbürger aus, kann auch zu einer (meist partiellen) Steuerverweigerung kommen, nicht selten auch zur Wahlverweigerung.

Ausländer, die hier keine Staatsbürgerrechte haben, fühlen sich ihrem Gastland oft wenig verbunden und haben keine Skrupel, keine oder falsche Steuererklärungen abzugeben.

4. Der Steuerliberale

Der Steuerliberale empfindet die Steuer in besonderem Maße als Freiheitseingriff. Sowohl in Nordamerika als auch in Europa wird insbesondere von Steuerzahlerverbänden der Steuerfreiheitstag (*tax freedom day*) gefeiert. Das ist der Tag des Jahres, von dem ab die Steuerzahler „in die eigene Tasche wirtschaften" können. Bis dahin, so die Version, haben sie nur für die öffentliche Hand gearbeitet.

Die Steuerliberalen stellen die Steuern gern als Opfer ohne Gegenleistung hin und verdrängen, daß sie bald der Willkür anderer ausgeliefert wären, wenn der Staat durch seine Rechtsordnung, durch Polizei und Justiz, ihre Freiheit nicht schützen würde. Daß der Staat dabei allerdings oft hinter dem Optimum erheblich zurückbleibt, ist sicher richtig, daß das Gemeinschaftsbewußtsein mancher Steuerliberaler unterdurchschnittlich entwickelt ist, wohl auch.

Mit *Wilhelm Busch* („Schein und Sein") mögen die Steuerliberalen klagen:

> „Was hilft es Dir, damit zu prahlen,
> daß Du ein freies Menschenkind?
> Mußt Du nicht pünktlich Steuern zahlen,
> obwohl sie Dir zuwider sind?"

Die Einstellung der Steuerliberalen, denen die Steuer zuwider ist, muß nicht, kann aber dazu führen, daß sie nicht voll oder nicht pünktlich Steuern zahlen. Steuerliberale können durch ihren Steuerberater auch den Weg des legalistischen Steuervermeiders wählen (s. unten 5).

5. *Der legalistische Steuervermeider*

Der Typ des legalistischen Steuervermeiders regt sich im allgemeinen nicht über ungerechte Steuergesetze auf. Er moralisiert nicht, sondern versucht sein Verhalten – in der Regel mit Hilfe von Steuerberatern – so einzurichten, daß er unter Ausnutzung von Lücken, Unklarheiten des Gesetzes und Steuervergünstigungen möglichst wenig Steuern zahlen muß. Als Unternehmer interessiert sich der Steuervermeider mehr für Wettbewerbsneutralität und Planungssicherheit als für Steuergerechtigkeit.

Viele Steuerberater gehen mit ihren Mandanten diesen Weg. Die folgenden Äußerungen stammen von einem Repräsentanten des Steuerberaterverbandes:

„Inzwischen reift die Erkenntnis, es sei im Interesse der Gesundung unseres Staatswesens unabdingbar erforderlich, daß wir Steuerberater bei jeder Bilanz und jeder Steuererklärung nach jeder Möglichkeit suchen lassen, das kurzfristige Steueraufkommen so weit wie möglich zu mindern. Dabei müssen wir alle legalen Gestaltungsmöglichkeiten restlos ausschöpfen. Bedenken wir daher: Die Bewertung von Aktiven und Passiven hat sich ausschließlich nach der Einschätzung des verständigen Kaufmanns zu richten. Dasselbe gilt für Rückstellungen. – Die Steuerrichtlinien binden nur die Verwaltung, nicht den Kaufmann und Unternehmer, nicht den Steuerberater und nicht die Gerichte.

Selbstverständlich ist Willkür keine Regel und Steuerhinterziehung kein Mittel. Das haben wir unseren Mandanten als Entscheidungsgrenze unmißverständlich klar zu machen, und zu anderem dürfen wir uns nicht verleiten lassen. Das Ziel muß jedoch klar sein: Legale Steuervermeidung muß die Kassen leeren und unsere Politiker davon abhalten, durch vorhandene Kasse ‚sinnlich' zu werden. Menschen, die wirtschaftlich zu denken gewöhnt sind, wissen: mit Geld können auch die Einfältigen etwas bewirken, die Klugen arbeiten mit Ideen … Wenn wir Steuerberater es in diesem Jahr schaffen, die Möglichkeiten zu großzügigen Transferzahlungen auf allen Gebieten zu beschneiden, indem wir mit allen Kräften die legale Steuervermeidung praktizieren, werden wir unserem Staat den größten Dienst erweisen, den wir ihm erweisen können."[226]

[226] *J. Sauerwald*, StB 1998, 80, 81.

Hier wird das Steuersparbedürfnis der Mandanten zu einem Steuervermeiden im wahren Staatsinteresse überhöht.

Da Steuerberater sich die Mitwirkung an der Steuerhinterziehung nicht leisten können, dürfte das Gros von ihnen den Kurs des legalen Steuervermeidens fahren, wodurch immerhin ein immenser Beitrag zur Gesetzmäßigkeit, wenn auch nicht unbedingt zur Gerechtigkeit der Besteuerung geleistet wird. Für diesen Befund aber tragen nicht die Steuerberater die Verantwortung. Die moralische Aufrüstung besteuerungsunmoralischer Gesetze ist nicht ihre Aufgabe. Für den Unternehmer sind Steuern Kosten, damit ein Wettbewerbsfaktor. Wer diesen Faktor nicht minimiert, erleidet Wettbewerbsnachteile.

Der Steuerökonom *Gerd Rose* hat den Begriff der „Dummensteuer" geprägt. Darunter versteht er „(Teile von) Steuerlasten, die nicht entstanden wären, wenn der Steuerpflichtige das gleiche wirtschaftliche Ziel unter klugem Einsatz der vorhandenen Gestaltungsmöglichkeiten anders erreicht hätte."[227] Da Laien nicht in der Lage sind, die Lücken, Vagheiten und Privilegien der Steuergesetze zu nutzen, ist das „Dummensteuer"-Theorem wohl auch ein Stück Werbung, sich beraten zu lassen: „Wenn du auf legale Weise möglichst wenig Steuern zahlen willst, ist es ratsam, dir einen Steuerberater zu nehmen", heißt die Botschaft.

6. *Der Steuerlaie*

„Der normale Steuerpflichtige" – so *J. Isensee* – „versteht nicht die Steuergesetze, die ihn angehen. Er kann seine eigene Steuererklärung nicht lesen, unterschreibt blind, was der Steuerberater vorbereitet hat, und beteuert nach Formular, daß er seine Angaben ‚wahrheitsgemäß nach bestem Wissen und Gewissen' gemacht habe. Die Steuergesetze begreift noch nicht einmal der normale Jurist mit der Befähigung zum Richteramt. Der Satz ‚iura novit curia' wird suspendiert, wenn das Zivilgericht, von der steuerrechtlichen Vorfrage überfordert, einer Partei die Beweislast über den Inhalt des geltenden Steuerrechts aufbürdet und sich so mit einer Maßnahme behilft, die in der Zivilprozeßordnung für ausländisches Recht vorgesehen ist. Das Körperschaftsteuergesetz enthält Vorschriften, die sich selbst dem Spezialisten unter den Körperschaftsteuerjuristen nur in glücklichen Stunden erschließen".[228]

Nun läßt sich freilich durchaus nicht jeder Steuerlaie bei der Steuererklärung von einem Steuerrechtskundigen beraten. Statistiken, aus denen sich entneh-

[227] *G. Rose*, Über die Entstehung von Dummensteuern und ihre Vermeidung, in: Festschrift für K. Tipke, 1995, S. 153 ff.

[228] *J. Isensee*, StuW 1994, 4.

men ließe, wie groß die Zahl derjenigen ist, die keck nach bestem *Un*wissen und Gewissen ihre laienhafte Steuererklärung ohne Berater abgeben, sind mir nicht bekannt. Die Staatsgewalt hat an der Erörterung des Themas offenbar auch kein Interesse. Fest steht, daß die Abgabenordnung die Steuerlaien nicht zwingt, sich von einem Steuerrechtskundigen beraten zu lassen (s. § 80 I 1). Zwar wird in Steuererklärungsformularen gefragt, ob jemand bei der Steuererklärung mitgewirkt habe. Die Frage dient aber dazu, Personen, die nicht zur Steuerberatung zugelassen sind, aber geschäftsmäßig Hilfe bei der Abgabe von Steuererklärungen leisten, „auszuschalten". Jedenfalls werden Steuerlaien nicht gefragt, ob sie die Fragen im Erklärungsformular überhaupt verstanden haben, obwohl Laien allenfalls zufällig eine richtige Steuererklärung abgeben können. Das dürfte erst recht für die Steuerpflichtigen in den neuen Ländern gelten, denen das komplizierte Steuerrecht bedenkenlos übergestülpt worden ist. Die meisten Steuerlaien besitzen gar keine Steuergesetze. Sie können sie deshalb zwar auch nicht mißverstehen. Aber diese Gewähr genügt natürlich nicht, um eine Steuererklärung abzugeben, aus der sich die gesetzlich geschuldete Steuer ergibt. Nicht wenige Vorschriften der Steuergesetze lassen auch den examinierten Steuer*be*rater zum Steuerrater werden. Für Steuerbeamte und selbst für Kommentatoren gilt nichts anderes. Das Steuerrecht, so die Deutsche Steuer-Gewerkschaft, sei zu einem „unbeherrschbaren Monstrum verkümmert".[229]

Wenn die Abgabenordnung es dem Steuerlaien freistellt, ob er einen Steuerrechtskundigen zuziehen will oder nicht, dann unterstellt sie, daß jeder Steuerlaie sich im Steuerrecht auskenne. Wenn sich das Steuerrecht aber jedem Laien erschlösse, fragt man sich, warum Steuerbeamte und Steuerberater überhaupt im Steuerrecht ausgebildet werden und durch Examina ausgewiesen sein müssen.

Da Steuerlaien steuerrechtlich „im Stande der Unschuld" leben, sollte man meinen, daß sie im Steuer-*Schuld*strafrecht schwer zu belangen seien. Die Strafrechtler sehen aber eine Leichtfertigkeit darin, daß Uninformierte sich nicht informieren (s. unten D II). Ohnehin sind Voll-Laien eher selten. Irgendwie spricht es sich herum, daß Kosten einer Urlaubsreise nicht „von der Steuer abgesetzt" werden dürfen. Auch ein Gemüsehändler weiß, daß er die Einnahmen aus seinen Verkäufen nicht zum Teil negieren darf. Auch ein Geographielehrer weiß, daß ein Roman kein Fachbuch ist.

Der Bund der Steuerzahler hat seinen 430 000 Mitgliedern vorgeschlagen, sie sollten gegen unverständliche Steuervorschriften legalen Widerstand dadurch

[229] DStG Okt. 1999, 117 re. Sp.

leisten, daß sie sich an die Abgeordneten und an ihre Finanzämter wenden: Die Abgeordneten sollen aufgefordert werden, sich dafür einzusetzen, „daß Steuerzahler, die infolge der Kompliziertheit des Steuer- und Abgabenrechts ihre Verpflichtungen nicht korrekt erfüllen können, nicht strafrechtlich belangt werden". Die Finanzämter sollen vom Steuerpflichtigen gebeten werden, um seine „Rechte im Besteuerungsverfahren zu wahren" und seinen „Pflichten nachkommen zu können", bestimmte Regelungen, „die ich überhaupt nicht nachvollziehen kann, verständlich zu erläutern".[230]

Wenn „gerechtes Recht einfaches Recht ist" (*P. Kirchhof*), dann ist das Steuerrecht schon deshalb ungerecht, weil es unnötig kompliziert ist.

7. Der Gerechtigkeitssensible

Seit jeher hat es in der Geschichte Widerstand gegen ungerechte Steuern gegeben, auch Revolten und Kriege. Unblutigen Widerstand gibt es auch in Demokratien.

In vielen Ländern sind es die Steuerzahlerverbände, die nicht nur für niedrige, sondern auch für gerechte Steuern eintreten. In Deutschland setzt sich der *Bund der Steuerzahler* für Steuergerechtigkeit ein und prangert Steuerverschwendung an.[231] Die fünfzehn europäischen Steuerzahlerorganisationen haben sich zur *Taxpayers Association of Europe* zusammengeschlossen. Diese arbeitet mit der Weltsteuerzahlerorganisation, der *Taxpayers Association International* zusammen. Die Taxpayers Association of Europe hat den niederländischen EU-Komissionsbeamten *Paul van Buitenen* mit dem Europäischen Steuerzahlerpreis geehrt. Dieser hatte mit seinen Enthüllungen über Mißwirtschaft zum Sturz der EU-Kommission *Jacques Santer* wesentlich beigetragen und war daher zunächst vom Dienst suspendiert worden. Die Taxpayers Association will mit dem Preis das mutige Vorgehen von *van Buitenen* gegen Verschwendung von Steuergeldern und „das verkrustete EU-System" würdigen. In Nordamerika führen den *struggle against unjust taxes* die *Tax Equity Alliances, Fair Tax Movements* und *Fair Tax Coalitions*. Sie treten für *tax justice* ein und bekämpfen *tax laws without justice*. In Großbritannien ist noch vor Jahren mit Erfolg der Kampf gegen die von *Margaret Thatcher* eingeführte Poll Tax, eine Art Kopfsteuer, organisiert worden.

[230] *Der Steuerzahler* Juni 1999, 101. Eine Liste schwerverständlicher Regelungen ist beigefügt. So können auch Laien, die kein Steuergesetz besitzen, um Erläuterungen bitten. Freilich könnte es ihnen dabei unterlaufen, daß sie nach Vorschriften fragen, die sie gar nicht betreffen.

[231] Dazu *Präsidium des Bundes der Steuerzahler*, Wer Steuern zahlt, will Sparsamkeit. 50 Jahre Bund der Steuerzahler, 1999.

Die Gerechtigkeitssensiblen stoßen sich an den vielen Ungleichbelastungen, insbesondere an der Vielzahl von Steuervergünstigungen, die nur bestimmte Kreise in Anspruch nehmen können, auch daran, daß Steuergesetze nicht annähernd gleichmäßig durchgeführt werden.[231a] Das geltende Steuerrecht beleidigt und irritiert ihr Rechtsbewußtsein, ihre Rechtsgesinnung. Daher treten die Aktivisten unter ihnen dafür ein, möglichst alle Steuervergünstigungen unter Berücksichtigung einer Übergangsgerechtigkeit zu streichen und die Steuern für alle zu senken. Sie wenden sich dagegen, daß diejenigen, die durch die verworrenen Steuergesetze nicht hindurchfinden, „zu dummen Außenseitern" erklärt werden.

Gerechtigkeitssensible sind der Auffassung, daß Gesetze, die infolge Untätigkeit des Staates oder infolge insuffizienter Verfahrensvorschriften massenhaft verletzt werden, nicht nur faktisch, sondern wegen Verfassungswidrigkeit auch rechtlich ihre Geltung verlieren. Jedenfalls folgern nicht wenige: Wenn das Gesetz mit staatlicher Duldung von sehr vielen verletzt wird, darf man es auch tun, um so die Gleichbelastung herzustellen.

III. Zum Konnex zwischen Besteuerungsmoral und Steuermoral

Es geht hier zunächst nicht um die Frage, ob eine schlechte Besteuerungsmoral eine schlechte Steuermoral zu rechtfertigen vermag, sondern darum, ob sie die Steuermoral faktisch negativ beeinflußt.

Daß die Bürger ihrem Staat nur auf Wechselseitigkeit verpflichtet seien, daß der Staat Steuermoral nur erwarten könne, wenn er mit dem guten Beispiel der Besteuerungs- und Ausgabenmoral vorangehe, kann man oft lesen.[232] Aber ein strikter Beweis eines faktischen Zusammenhangs ist meines Wissens noch nicht geführt worden. Vieles spricht allerdings für einen solchen Zusammenhang. Der Gesetzgeber, der keine einsichtige Besteuerungsmoral präsentiert, dessen Steuergesetze insgesamt weit entfernt sind von einem besteuerungsmoralischen Kodex, kann in den Steuerpflichtigen schwerlich steuermoralische Hemmungen aufbauen; im Gegenteil, er baut ihr Gemeinschaftsbewußtsein ab. Die Bürger der Gegenwart sind keine staatsfrommen, obrigkeitsgläubigen Trottel, die auch Gesetzen, die sie für ungerecht halten, penibel gehorchen.

Auch ohne Gesetzeskenntnisse verhält sich die Mehrzahl der Bürger jedoch erstaunlich gesetzeskonform, wenn die Gesetze einsichtig sind und dem

[231a] Dazu auch *M. W. Spicer/L. A. Becker*, Fiscal inequity and tax evasion, National Tax Journal Bd. 33 (1980), S. 71ff.

[232] S. nur *D. Schneider*, hier S. 99. Dazu auch *D. Birk*, Steuerrecht, 2. Aufl., 1999, S. 1.

Gewohnten, Eingelebten entsprechen. Drückt sich in den Gesetzen aber kein ethisches Muster aus, werden die Gesetzesbefehle ständig geändert, beträgt zum Beispiel der Freibetrag für Bezieher von Kapitaleinkünften in einem Jahr 300 DM, im nächsten Jahr 6000 DM und einige Jahre später 3000 DM, macht der Gesetzesinhalt den Eindruck gesetzgeberischen Beliebens, lassen sich dem Gesetz keine konsequent befolgbaren Wertungen entnehmen, so kann verwurzeltes, gewachsenes, eingewöhntes Rechtsbewußtsein, das auch den *common sense* beeinflußt, nicht entstehen. Auch Rechtsgesinnung braucht einen festen Boden, braucht Rechtsbeständigkeit, *constancy of law through time, continuity*, wie die englischen Juristen es ausdrücken. Nur zu leicht verschwimmt die Grenze zwischen Legalem und Illegalem, wenn dieser Boden fehlt. Auch die Unternehmen brauchen den festen Boden; denn sie sind auf Planungssicherheit angewiesen. „Steuern bilden zwar einen Teil der Rechtsordnung des Staates, sie existieren aber ohne jede tiefere Verankerung im Bewußtsein der Bevölkerung und (leider auch) in der Politik als reiner Gelderhebungsmechanismus", heißt es in einer Äußerung der Steuer-Gewerkschaft.[233] Die Entrechtlichung und Ökonomisierung oder Politisierung des Steuerrechts trägt nicht wenig zu diesem Eindruck bei.

Es ist unvermeidbar, daß mit jedem Regierungswechsel andere Interessen mehrheitsfähig werden. Das zwingt aber nicht dazu, nicht nur zum Jahresende, sondern auch noch während des Jahres ständig an einem parteipolitischen Flickenteppich zu weben. Der moralische Schaden, der durch die privilegierenden Steuervergünstigungen angerichtet wird, kann durch keine ökonomischen Gemeinwohlvorteile, wenn es sie denn überhaupt gibt, wettgemacht werden. Steuerpolitiker aller Parteien sollten endlich bemerken, daß es immer mehr ins steuermoralische Aus führt, wenn man durch Steuervergünstigungen Wähler fangen will. Es gibt Steuerpflichtige, die sich aufgrund von Vergünstigungen weitgehend vor der Steuer drücken können, und solche, die es infolge fehlenden Know how's oder fehlender finanzieller Möglichkeiten auf sich zu nehmen haben, den durch Vergünstigungen entstehenden Steuerausfall wettzumachen; sie trifft die volle Härte des Tarifs.[234] So wird aus einem Leistungsfähigkeitssteuerrecht ein Vigilanten-Steuerrecht.[235] Freilich sind Steuerpflichtige mit ihrem Berater auch nicht zufrieden, wenn sich zeigt, daß dieser legal weniger „herausholt" als der gewitzte Laie mit der Devise „Steuer*un*wissen ist Macht".

[233] DStG Dez. 1998, S. 155.

[234] Ich gehe dabei davon aus, daß ein bestimmtes Mindeststeueraufkommen erforderlich ist und daß der Staat die durch Steuervergünstigungen ausgelösten Steuermindereinnahmen nur begrenzt durch Aufnahme von Schulden wettmachen kann.

[235] Dazu auch *J. Isensee*, StuW 1994, 8 li. Sp.

Das macht die Benachteiligten betroffen. Auch Bürger, die keine Fachzeitschriften lesen, erfahren hinlänglich durch ihre Zeitungen, wie es um das Steuerrecht bestellt ist. So lesen sie nicht nur über Ungleichmäßigkeit der Besteuerung, sondern ständig auch über zu hohe Steuern und Steuermittelverschwendung. In Bestseller-Verlagen erscheinen Bücher – meist aus der Feder von Wirtschaftsjournalisten – die auf die Steuermoral wahrscheinlich verheerend wirken: „Der Abzockerstaat“ (Econ 1996), „Der Bürger als Beute“, „Vom Steuer-Raubzug der vereinten Verschwender“ (Rowohlt 1996), „Zahlmeister Deutschland. So verschleudern sie unser Geld“ (Langen-Müller/Herbig 1991); „Den Redlichen fressen die Steuern. Der grassierende Betrug, die nutzlose Reform“ (Hoffmann und Campe, 1997). So reißerisch wie die Titel sind auch die mit Anekdoten „angereicherten“ Inhalte, und so schnodderig ist auch der Stil. Im westlichen Ausland verhält es sich nicht anders. „Taxed to Death. The Great Revenue Robbery“, heißt der Titel einer Ausgabe von „The New Internationalist“ (June 1991). Da die Leser jedenfalls in Deutschland von Gegendarstellungen aus dem Hause des Bundesfinanzministers nichts hören, werden sie wohl annehmen, sie hätten durchgehend die reine Wahrheit gelesen.

Selbst gute Steuergesetzgebung bräuchte die Unterstützung durch gute Öffentlichkeitsarbeit des Finanzministeriums. Solche Öffentlichkeitsarbeit hat es in Anbetracht des Zustandes des Steuerrechts sehr schwer, soll man sie nicht mit Propaganda verwechseln. „Nur wer Augen und Ohren vor dem Alltagsgeschäft der steuerberatenden Berufe und der Steuerverwaltung verschließt, nimmt nicht wahr, daß die Akzeptanz steuerlicher Lasten gegen Null tendiert“, meinten *K. Miehler* und *L. Kronthaler* schon vor einigen Jahren.[236]

Offenbar weiß man auch im Finanzministerium, daß es nicht tunlich ist, aus dem besteuerungsunmoralischen Glashaus mit steuermoralischen Steinen zu werfen, ständig von der Steuerpflicht als Tugendpflicht zu sprechen und den steuermoralischen Zeigefinger zu erheben. Eine wirkliche *Re*moralisierung des Steuerzahlens wird erst dann gelingen, wenn zunächst die Steuergesetze remoralisiert werden, die Steuergerechtigkeit nicht mehr marginalisiert bleibt. Eine remoralisierte Steuerrechtsordnung ist etwas anderes als eine bloße Zwangsordnung zur Durchsetzung von Gesetzen, die mit den verschiedensten Maßstäben messen. Nach einer Remoralisierung könnte Öffentlichkeitsarbeit wieder für die Einsicht sorgen, daß gemeinsames steuermoralisches Handeln der Steuerbürger allen Vorteile bringt, daß nur mit Hilfe der Steuern Einrichtungen geschaffen werden können, die der einzelne nicht verwirklichen kann, die für ein zivilisiertes Zusammenleben aber unerläßlich sind.

[236] DStZ 1992, 257.

Eine moralische Aufrüstung aller an der Besteuerung Beteiligten wäre besonders wichtig, weil das Glaubensfundament allenfalls durch eine säkulare Ethik abgelöst worden ist, weil es eine staats- und kirchenfromme Untertanenschaft nicht mehr gibt.

Friedrich der Große wies die Pastoren an, in den Kirchen auch an die Steuerpflicht zu erinnern.[237] Zur Zeit des selbstherrlichen, zügellosen, verschwenderischen *Herzogs Karl Eugen von Württemberg* (1737–1793) sang man nach der Melodie „Allein Gott in der Höh' sei Ehr"

„Hilf, daß wir geben herzlich gern,
Und zwar bey zeit und richtig,
Was jeder seinem Oberherrn,
Sich weißt zu geben pflichtig;
Inmassen es dein Wort gebeut,
Und sagt: gebt, war ihr schuldig seyd,
Schoß, dem der schoß gebühret".
„Ehre, Furcht, dem sie gebühret,
Schoß und Zoll, dem der regieret,
Gib, als gäbst du's Gott dem Herrn,
Was du schuldig bist, stets gern".[238]

Da in einer pluralistischen Gesellschaft die unterschiedlichsten Vorstellungen über Steuergerechtigkeit bestehen, ist es nicht möglich, alle zufrieden zu stellen. Zwar möchte niemand zu seinem Nachteil ungleich behandelt werden. Aber Privilegien nehmen die Privilegierten im allgemeinen gern hin. Der Besitzstand, auch als Vorrecht, erscheint ihnen durchaus als Recht. In einer Mischung von Ironie und Pessimismus meinte der frühere Finanzminister *Theo Waigel* in einem Vortrag vor Steuerberatern:

„Ein vollständig gerechtes Steuersystem hätten wir dann, wenn jeder das zahlt, was er selbst als gerechten Beitrag für die Finanzierung der Gemeinschaftsaufgaben ansieht. Von dem, was in einem solchen System zusammenkommt, könnten wir drei Kilometer Autobahn und 1000 Sozialhilfefälle finanzieren".[239]

[237] Nach *A. Pausch*, Friedrich der Große, Instruction zu einer besseren Einrichtung des Cassen- und Rechnungswesens aus dem Jahr 1769, Köln 1983 (vorletzte Seite).

[238] Zitiert nach *A. Pausch*, Schiller und die Steuern, 1959, S. 8, 14. – Ähnliche Verse fanden sich auch noch im Gesangbuch für die Herzogtümer Bremen und Verden, Ausgabe von 1854. – Schoß = Steuer.

[239] Stbg. 1993, 846, 849.

Schon die Spendenfreudigkeit vieler Bürger spricht gegen den Pessimismus des früheren Finanzministers. Das Gros der Bürger weiß sehr wohl, daß die Bürger den Staat brauchen und daß der Staat Steuermittel braucht. Daß *alle* Steuerrechtsvorschriften massenhaft verletzt würden, ist m. E. durch nichts bewiesen. Die weitaus meisten Steuerverkürzungen sind partielle Verkürzungen. Es mag Länder geben, in denen man die Steuerhinterziehung als Volkssport bezeichnen kann. Hierzulande kann man davon nicht reden. Daß die Gesetzestreue in Anbetracht des Zustandes der Gesetze in gewissen Bereichen an ihr Ende gekommen ist, ist nicht verwunderlich.

D. BESTEUERUNGSMORAL, STEUERMORAL UND STEUERSTRAFE

I. Grundlegung

1. Das vom Steuerrecht abhängige Blankett des § 370 AO

„Gesetz ist Gesetz" wird den Gesetzeskritikern von Steuerfahndern gern entgegengehalten. In der Tat sind Steuerbescheide nicht deshalb rechtswidrig oder gar nichtig, weil Betroffene den Bescheid oder das ihm zugrunde liegende Gesetz für ungerecht halten. Dürfte jeder Steuerbürger selbst bestimmen, was gerecht ist, so wäre jede Rechtssicherheit bald dahin; es würde nur eine andere Art von Chaos ausbrechen.

Das Grundgesetz verwendet – anders als andere Verfassungen – den Begriff „Gerechtigkeit" nicht. Es ist aber allgemeine Meinung, daß der Gleichheitssatz (Art. 3 GG) Ausfluß der Gerechtigkeitsidee ist und daß die Verletzung des Gleichheitssatzes folglich die Gerechtigkeit verletzt. In einem *freiheitlichen* Rechtsstaat wird man auch die Verletzung von Freiheitsrechten (Art. 2, 12, 14 GG) als Gerechtigkeitsverletzung werten dürfen. Das Sozialstaatsprinzip (Art. 20 I GG) gibt der Gerechtigkeit einen sozialen Akzent; man spricht daher auch von „sozialer Gerechtigkeit".

Wer einen Steuerbescheid für „ungerecht" hält, kann mit einer Klage geltend machen, daß der Bescheid ihn in seinen oben erwähnten Grundrechten verletze. Wenn es um die Grundrechte geht, hat jedoch letztlich das Bundesverfassungsgericht das Deutungsmonopol. Die Fachgerichte selbst können keine Verfassungswidrigkeit bejahen (s. auch schon oben B III 3).

Wir wenden uns hier der Frage zu, ob es strafrechtlich relevant ist, wenn von den Finanzbehörden verlangte Steuern ungerecht sind. Ausgangspunkt ist die vom Verfasser vertretene These, daß an die Verkürzung ungerechter Steuern keine gerechten Strafen geknüpft werden können.[240] *G. Kohlmann/B. Hilgers-Klautzsch* haben hinzugefügt: „Verfassungswidrige Steuern führen zu verfassungswidrigen Strafen."[241] 1995 erschien ein Aufsatz von *Franz Salditt* mit der

[240] *K. Tipke*, Die Steuerrechtsordnung, 1993, Bd. III, S. 1417: „Ist das Steuerrecht nicht gerecht, kann auch das an das Steuerrecht anknüpfende Steuerstrafrecht nicht gerecht sein".
[241] Stbg. 1998, 485, 490 li. Sp.

bemerkenswerten Überschrift „Die Hinterziehung ungerechter Steuern".[242] Es geht darin um die Frage, ob und eventuell inwieweit man ungerechte Steuern ungestraft hinterziehen darf.[243]

„Das Strafrecht" – so *H.-H. Jescheck/Th. Weigend* – „sichert ... die Unverbrüchlichkeit der Rechtsordnung durch staatlichen Zwang."[244] „Die Rechtfertigung der Strafe liegt allein darin, daß sie zur Aufrechterhaltung der Rechtsordnung ... notwendig ist. ... Notwendig ist die Strafe ferner, um dem Bedürfnis der Gemeinschaft nach Gerechtigkeit zu genügen ... Auf die Strafe als gewollte Übelszufügung zur Bewährung der Rechtsordnung hat bisher noch kein Staat verzichten können.[245] *Claus Roxin* bezeichnet als weitere Funktion des Strafrechts „die Normstabilisierung im Bewußtsein der Allgemeinheit".[246] Nun mag es angehen, den Inhalt des Strafgesetzbuches durchweg als „Straf*rechtsordnung*" zu bezeichnen. Für den Inhalt der Steuergesetze gilt das aber nicht in gleicher Weise.

Wer den Finanzbehörden über steuerlich erhebliche Tatsachen unrichtige oder unvollständige Angaben macht oder die Finanzbehörden pflichtwidrig über steuerlich erhebliche Tatsachen in Unkenntnis läßt und dadurch Steuern verkürzt oder andere ungerechtfertigte Steuervorteile erlangt, wird wegen Steuerhinterziehung – das ist das Hauptdelikt des Steuerstrafrechts – zu Freiheitsstrafe bis zu fünf Jahren oder mit Geldstrafe bestraft (s. § 370 AO). Wer leichtfertig Steuern verkürzt, handelt steuerordnungswidrig und wird mit einer Geldbuße belegt (s. § 378 AO). Was steuerlich erhebliche Tatsachen sind und zu welchen Angaben Steuerpflichtige verpflichtet sind, ergibt sich nicht aus dem Steuer*strafrecht*, sondern aus dem *Steuerrecht*. Ob jemand Steuern verkürzt hat, hängt davon ab, wieviel Steuern er schuldet. Eine nicht geschuldete Steuer läßt sich nicht verkürzen. Ob und eventuell in welcher Höhe eine Steuer geschuldet wird, kann nur aufgrund des Steuerrechts, nicht aufgrund des Strafrechts beantwortet werden. Wegen dieser Steuerrechtsabhängigkeit der Steuerhinterziehung nennt man den Tatbestand der Steuerhinterziehung auch einen Blankettatbestand. Das Blankett des § 370 AO muß mit Steuerrecht ausgefüllt werden. Daher genügt es nicht, daß Steuerstrafrichter strafrechtlich kompetent sind, sie müssen sich auch im *Steuer*recht gut zurechtfinden.

[242] *F. Salditt*, in: Festschrift für K. Tipke, 1995, S. 475; s. auch in StraFo 1997, 65 f., 67 (zur Rechtsgutfrage).

[243] „Bestrafung wegen Hinterziehung verfassungswidriger Steuern?" ist ein später erschienener Beitrag von *G. Kohlmann/B. Hilgers-Klautzsch* überschrieben (Stbg. 1998, 485). Den Beitrag von *Theodor Siegel* über „Besteuerung und Ethik" in: Handbuch der Wirtschaftsethik, 1999, Bd. 3 S. 354 ff. habe ich leider nicht mehr berücksichtigen können.

[244] *H.-H. Jescheck/Th. Weigend*, Lehrbuch des Strafrechts, Allgemeiner Teil, 5. Aufl., 1996, S. 2.

[245] *H.-H. Jescheck/Th. Weigend* (Fußn. 244), S. 64 f.

[246] *Cl. Roxin*, Strafrecht, Allgemeiner Teil, 3. Aufl., 1997, RNr. 45 (S. 28).

Steuerrechtliche Inkompetenz macht die Steuerstrafrichter abhängig von den Auffassungen der Beamten der Strafsachenstellen und der Steuerfahndungsstellen der Finanzbehörden.[247] Vor allem müssen die Steuerstrafrichter auch erkennen, daß verfassungswidriges, den Gleichheitssatz verletzendes Steuerrecht auch das Steuerstrafrecht infiziert.[248]

Soweit das Konglomerat der über dreißig Steuern keine Steuerrechtsordnung ist, vielmehr aus Steuer*un*recht und Steuer*un*ordnung besteht, innere Moralität vermissen läßt, wird der Zweck des Strafens verfehlt. Gebrochen wird insoweit *nicht* die Steuer*rechts*ordnung, sondern das Steuer*un*recht. Es kann in einem Rechtsstaat nicht Aufgabe des Strafrechts sein, eine Unrechtsordnung zu gewährleisten, zu bewähren oder zu stabilisieren. Wird an die Verletzung willkürlichen Steuerrechts eine Strafe geknüpft, so ist auch die Strafe willkürlich. Eine solche Strafe vermag selbstredend nicht das Bedürfnis nach Gerechtigkeit zu befriedigen. Die Strafrichter sollten auch sehen, daß die Steuerfahnder in der Regel – mehr oder minder zufällig – nur wenige Exempel statuieren können. Nicht selten werden die Wenigen in einem besteuerungs- und steuermoralisch kranken Umfeld zu Sündenböcken.

2. *Das zu schützende Rechtsgut in rechtsstaatlichem Verständnis*

Daß Strafrichter zu diesem Befund bisher nicht gekommen sind, mag damit zusammenhängen, daß sie den „Verlust des Rechtsgedankens im Steuerrecht" (*K. Vogel*) noch nicht bemerkt oder nicht internalisiert haben. Daher müssen die Verteidiger in Steuerstrafsachen solchen Steuerstrafrichtern rechtlich auf die Sprünge helfen. Vor allem die herrschende Meinung zu dem vom Steuerhinterziehungsverbot zu schützenden Rechtsgut mag dazu beigetragen haben, daß die Strafrechtspraxis bisher jeden beliebigen steuergesetzlichen Inhalt unkritisch übernommen hat. Als Rechtsgut, das durch die Bestrafung der Steuerhinterziehung geschützt werden soll, wird nämlich von der Rechtsprechung und der durch sie beeinflußten herrschenden Meinung „das öffentliche Interesse am vollständigen und rechtzeitigen Aufkommen der einzelnen Steuern" angesehen.[249] Diese einseitige Sicht mag vor dem Ersten Weltkrieg und in der NS-Zeit angemessen erschienen sein. Zum Rechtsstaat paßt sie

[247] Dazu auch *W. Blumers*, Die Schwierigkeiten der Strafgerichte mit dem Steuerrecht, StbJb. 1986/87, 353 ff.

[248] *F. Salditt*, StraFO 1997, 68 li. Sp.; *G. Kohlmann/B. Hilgers-Klautzsch*, Stbg. 98, 485 ff.

[249] So das Reichsgericht (RGSt. 59, 258, 261; 65, 165, 174; 72, 184, 186) und ihm folgend der Bundesgerichtshof (BGHSt. 30, 207; 36, 100; 40, 109).

nicht. *Franz Salditt* macht kritisch geltend: Die Anknüpfung an das nackte Fiskalinteresse versperre den Blick „auf die bedenkliche innere Verfassung des Steuerstaates“. Wenn bereits die verletzte Steuernorm selbst einem Unwert unterliege, so sei das über den Täter verhängte Unwerturteil „vorgeschoben“. Die Steuerhinterziehung dürfe nur bestraft werden, wenn sie die Gleichheit der Lastenverteilung bedrohe oder zerstöre. Die Steuerehrlichen müßten davor geschützt werden, daß sie zusätzlich mit den Steuern belastet würden, die die Steuerunehrlichen nicht zahlen.[250, 251]

M. E. hat das Steuerstrafrecht im Rechtsstaat eine *doppelte Schutzfunktion*:

a) Es soll dazu beitragen, daß die öffentliche Hand die gesetzmäßigen *und verfassungsmäßigen* Steuern von jedem Steuerschuldner erhält;

b) es soll dazu beitragen, daß niemand aus der Solidargemeinschaft der Steuerschuldner ausschert, damit die Gleichheit der Steuerlastverteilung erhalten bleibt und daß niemand Leistungen der öffentlichen Hand auf Kosten seiner Mitbürger erhält.[252]

Mit anderen Worten: Steuern sind gerechtfertigt, weil der Staat gerechtfertigt ist. Im Rechtsstaat sind aber nicht beliebige Steuern gerechtfertigt, sondern nur gerechte, den Grundrechten, insbesondere dem Gleichheitssatz entsprechende. Diese Erkenntnis muß endlich auch auf das Steuerstrafrecht durchschlagen.

R. Seer formuliert es so: „Durch die Straf- und Bußgeldvorschriften der AO wird nach h. M. das öffentliche Interesse am rechtzeitigen und vollständigen Aufkommen der einzelnen Steuern, der *staatliche Steueranspruch*, geschützt. Jedoch folgt die *Strafwürdigkeit* der Steuervergehen nicht nur aus einem Ungehorsam gegenüber dem Staat, sondern auch und gerade auch aus der damit verbundenen *Schädigung der ehrlichen Steuerzahler*.

Die Steuerpflichtigen bilden eine *Solidargemeinschaft*. Für den einzelnen Bürger bleibt die Steuerpflicht nur erträglich, wenn gewährleistet ist, daß der Staat die geschuldeten Steuern ebenso gegenüber den anderen durchsetzt ... § 370 AO schützt damit *zugleich* auch eine *gerechte und gleichmäßige Lastenverteilung* ...“[253]

[250] *F. Salditt* (Fußn. 242), ihm folgend *W. Bornheim*, StuW 1998, 146, 154; *G. Kohlmann/B. Hilgers-Klautzsch*, Stbg. 1998, 485, 490; einschränkend noch *G. Kohlmann*, Steuerstrafrecht (Loseblatt, vor Lfg. 27), § 370 AO RNr. 9 und DStJG Bd. 6 (1983), 5 ff.; wie in Stbg. 1998, 485 jetzt aber in *G. Kohlmann*, Steuerstrafrecht (Loseblatt, Lfg. 27), § 370 RNrn. 68, 69.

[251] Dabei geht man davon aus, daß ein bestimmter Staatsbedarfs zu decken sei, und daß die Steuerehrlichen den durch die Steuerunehrlichen verursachten Steuerausfall ausgleichen müßten.

[252] Von einer doppelten Schutzrichtung geht offenbar auch *R. Seer* aus (in: K. Tipke/J. Lang, Steuerrecht, 16. Aufl., 1998, § 24 Rz. 1).

[253] *R. Seer* (Fußn. 252), § 24 Tz. 1.

„Die Beschränkung der Sichtweite auf die Gefährdung des Steueranspruchs des (anonymen) Staates führt dazu, daß die Steuerhinterziehung weiterhin als ‚Kavaliersdelikt', ja sogar als eine Art von ‚Sport' angesehen wird. Insoweit ähnelt die Steuerhinterziehung dem Versicherungsbetrug, den die Bevölkerung in weiten Kreisen ebenfalls nicht als Schädigung der Mitversicherten, sondern als ein ‚cleveres Verhalten' einschätzt. Leider ist das derzeit geltende Steuerrecht nicht dazu angetan, hier eine Bewußtseinsänderung hervorzurufen. Solange Steuerbürger den Eindruck erhalten, in unserem real existierenden Steuerstaat gehe es nur um den Versuch jeder Gruppe, anderen Gruppen möglichst ‚viel aus der Tasche zu ziehen', wird sich bei ihnen keine Steuermoral einstellen können."[254]

Daraus könnte es sich auch erklären, daß selbst spektakuläre Steuerstrafverfahren in der Bevölkerung keine Empörung, Entrüstung oder gar Verachtung hervorrufen.

Wenn – wie *J. Isensee* formuliert – „die Steuer mit der Gleichheit steht und fällt"[255], wenn die Steuerbelastung „ihre Rechtfertigung ... auch und gerade aus der Gleichheit der Lastenverteilung" gewinnt – so das Bundesverfassungsgericht,[256] – dann darf die Staatskasse nicht um den Preis *un*gleicher Lastenverteilung geschützt werden, zumal die öffentlichen Kassen sich ebenso gut mit Steuern füllen lassen, die dem Gleichheitssatz entsprechen, insbesondere auch gleichmäßig erhoben werden. Wenn der Gesetzgeber den Gleichheitssatz verletzende oder sonst verfassungswidrige Steuernormen erläßt oder als verfassungswidrig erkannte Steuernormen nicht aufhebt oder ändert, so verdient er es, gerügt zu werden. Die Steuerbürger eine solche Besteuerungsunmoral „ausbaden" zu lassen, würde die Ethik auf den Kopf stellen und den Gesetzgeber nur ermutigen, in seinem besteuerungsunmoralischen Verhalten fortzufahren. Freilich rechtfertigt der allgemeine Hinweis darauf, daß viele Steuervorschriften den Gleichheitssatz verletzen oder verfassungswidrig seien, noch keine Steuerverkürzung; der Mangel der Verfassungsmäßigkeit muß für den konkreten Fall erheblich sein, und die Verfassungsmäßigkeit muß grundsätzlich vom Verfassungsgericht festgestellt werden. Im übrigen kann der Zustand der Steuergesetze eventuell die Beurteilung der Schuld und des Strafmaßes beeinflussen. Es ist jedoch zu differenzieren.

254 *R. Seer* (Fußn. 252), § 24 Rz. 3.
255 *J. Isensee*, StuW 1994, 7 re. Sp.
256 BVerfGE 84, 239, 269; BStBl. 1991 II, 654, 664 re. Sp.

II. Differenzierungen

Um zu differenzieren, empfiehlt es sich, an die unterschiedlichen Motivationen der Steuerhinterziehung (s. oben C II) anzuknüpfen.

(1) Der *homo oeconomicus* würde sich sicher keinen Gefallen tun, wenn er vortragen würde: Er habe durch seine Steuerhinterziehung die Steuerlast minimieren und zugleich den Profit maximieren wollen. Er unterscheide nicht zwischen moralisch und unmoralisch, sondern zwischen dumm und schlau. Leider habe er dummerweise damit gerechnet, daß er nicht erwischt werden würde. Jeder Strafverteidiger würde von einer solchen Zurschaustellung des individuellen Egoismus wohl dringend abraten.

(2) *Der Aufrechner* wird ebenfalls einer Strafe nicht entgehen, wenn er *nur allgemein* vorträgt, ein Staat, der keine Besteuerungsmoral habe und Steuermittel in Milliardenhöhe[257] verschwende, könne auch keine Steuermoral verlangen und müsse daher auf die Bestrafung von Steuerhinterziehern verzichten. Nur die den Fall des Steuerbürgers wirklich betreffende Ungerechtigkeit wird berücksichtigt werden.

Der Steuerökonom *Dieter Schneider* argumentiert allerdings so: „Ethische Normen" hätten „vor allem für jene zu gelten, die Steuerzahlungspflichten auferlegen". Parlamentsmehrheiten entzögen „sich selbst ethischen Verpflichtungen" und würden „für die Folgen ihrer Gesetzgebung nicht zur Rechenschaft gezogen". „Die rund 60 Milliarden DM Ausgabenverschwendungen, die für 1995 behauptet werden", seien „ein weiteres Indiz" für Unmoral, „Das Nichteinhalten ethischer Normen im Steuerrecht und bei Staatseinnahmeverwendung" nehme „gesetzwidrigem Handeln einzelner Steuerpflichtiger den moralischen Makel". *D. Schneider* will die Steuerhinterziehung gegen die moralischen Verfehlungen des Gesetzgebers und der Steuerverschwender „abwägen" (wie immer das zu verstehen ist).[258] Zusammenfassend heißt es: „Solange ethische Normen gegen Verschwendung öffentlicher Einnahmen nicht kodifiziert, Gleichmäßigkeit der Besteuerung nicht ernsthafter, treffender ... verwirklicht wird, ist entgegen der ethischen Untertanenpflicht zur Steuerzahlung zu betonen, daß ethische Normen vor allem für die die Gesetze Anordnenden und Durchführenden zu gelten haben. Deshalb geht die persönliche Wertung des Verfassers dahin, daß unter den derzeitigen Steuerrechtsgegebenheiten eine ethische Verurteilung von Steuerhinterziehungen nicht zu begründen ist. Das An-den-Pranger-stellen jener, die gesetzwidrig Steuern vermeiden, ist keine Norm, mit der Staatsverdrossenheit abgebaut

[257] Vom Bund der Steuerzahler auf ca. 60 Milliarden DM pro Jahr geschätzt.

[258] *D. Schneider*, Der Betrieb 1997, 488 li. Sp., 489.

werden kann und Staatsmacht in einer Demokratie durchgesetzt werden sollte."[259]

Wenn ich *D. Schneider* richtig verstehe, will er alle (?) Steuerhinterzieher nur moralisch freisprechen, offenbar aber keinem richterlichen Freispruch das Wort reden. Dieser bedürfte in der Tat einer konkreten Begründung unter Berufung auf die Verfassung. Bei der Gewichtung der Schuld und des Strafmaßes kann die schlechte Besteuerungsmoral m. E. allerdings durchaus berücksichtigt werden, *wenn* sich im Einzelfall ergibt, daß durch sie die Steuerehrlichen (auch durch die Rechtsprechung) im Stich gelassen, wenn ihre Rechtsgesinnung und ihr Rechtsbewußtsein untergraben worden sind, wenn die Staatsorgane sich gar so verhalten haben, daß der Steuerschuldner zu seinem Verhalten provoziert worden, zur Steuerhinterziehung geradezu eingeladen worden ist, überhaupt wenn die Staatsorgane die Haupt- oder Mitverantwortung für das Verhalten des Steuerschuldners tragen.[260]

(3) Das Verhalten des *legalistischen Steuervermeiders* wird zwar nicht von allen „moralisch gutgeheißen". Das kommt schon in abqualifizierenden Bezeichnungen wie „Schlupflochnutzer" oder „Abschreibungstrickser" zum Ausdruck. *D. Schneider* meint allerdings, legale Steuervermeidung sei „ethisch nicht zu tadeln".[261]

Wenn Steuern nur aufgrund Gesetzes erhoben werden dürfen, so ist es jedenfalls nicht strafbar, Gesetzesmängel und -lücken auszunutzen. Für die Gesetzesqualität ist der Gesetzgeber verantwortlich.[262] Die Bürger müssen nicht des Gesetzgebers Hüter sein.

(4) Auch die *Steuerliberalen* werden nur zum Erfolg kommen, wenn sie sich mit der Berufung auf Freiheitsprinzipien der Verfassung (Art. 2, 12, 14 GG) beim Verfassungsgericht durchsetzen.

[259] *D. Schneider*, Der Betrieb 1997, 490 re. Sp.

[260] In diesem Sinne auch *R. Seer*: „Nehmen Gesetzgebung und Verwaltung über Jahre (wie z. B. bei der Zinsbesteuerung) eklatante Vollzugsdefizite ‚augenzwinkernd' hin, dann tragen sie eine wesentliche *Mitverantwortung* für die Steuerhinterziehung. Verschärfen die Finanzbehörden plötzlich für bereits abgelaufene Zeiträume ihre Vollzugspraxis (wie z. B. die Steuerfahndung gegenüber der Kreditwirtschaft und ihren Kunden ...), muß die Mitverantwortung des Staates wenigstens bei der Strafzumessung mildernd berücksichtigt werden ..." (in: K. Tipke/J. Lang, Steuerrecht, 16. Aufl., 1998, § 24 Rz. 3). – In der Tat verschärft die Steuerverwaltung rückwirkend die Rechtslage (zu der auch die Anwendungsrechtslage gehört), wenn sie *rückwirkend* von größter Lässigkeit auf Steuerfahndungsmethoden umschaltet (s. auch *K. Tipke/J. Lang*, Steuerrecht, 16. Aufl. 1998, § 4 Rz. 181–183). Ein solches Vorgehen ist nur für die Zukunft zulässig, wenn sie dann zu gleichmäßiger Besteuerung führt und nicht nur verhältnismäßig wenige trifft.

[261] Der Betrieb 1997, 486 re. Sp.

[262] Dazu auch *K. Vogel*, Gesetzesgehorsam als rechtsethisches Problem, in: Festschrift für W. Fikentscher, 1998, S. 215, 220: Die Verantwortung für sich daraus ergebende Ungerechtigkeiten treffe den Gesetzgeber, der die Steuervorteile durch eine mangelhafte Gesetzesgestaltung ermöglicht habe. Steuervermeidung billigend auch *J. Isensee*, StuW 1994, 8 re. Sp.

(5) *Steuerlaien* sind in aller Regel nicht in der Lage, ohne Mitwirkung eines Angehörigen der steuerberatenden Berufe oder eines sonst in Steuersachen Kompetenten eine richtige Steuererklärung abzugeben.[263] Das Steuerverfahrensrecht sieht aber keinen Beratungszwang vor. Nach § 80 I 1 AO können Steuerpflichtige sich durch einen Bevollmächtigten vertreten lassen, müssen dies aber nicht (s. oben S. 82, 87). Führt das zu Beanstandungen der Steuererklärung durch das Finanzamt, pflegen Laien sich damit zu exkulpieren, daß sie sich über die Steuerrechtslage geirrt hätten. Sie hätten die Erläuterungen zum Erklärungsformular zwar gelesen, diese aber nicht wirklich verstanden. Die Erklärung sei jedoch nach bestem Wissen – genauer: nach bestem Nichtwissen – abgegeben worden.

Ein bestandskräftiger Steuerbescheid kann nach § 173 I Nr. 2 AO zugunsten des Steuerpflichtigen korrigiert werden, wenn dieser Tatsachen oder Beweismittel erst nachträglich (nachdem der Bescheid bereits ergangen ist) mitteilt und ihn daran kein grobes Verschulden trifft. Wenn ein Steuerpflichtiger sich bei Abgabe der Steuererklärung nicht von einem kompetenten Fachmann hat unterstützen lassen, wird ihm das nicht als grobes Verschulden angerechnet.[264] Statt „Wissen ist Macht", gilt für nicht beratene Laien ausnahmsweise einmal „Unwissen ist Macht". Anders wird bei Angehörigen der steuerberatenden Berufe verfahren. Bei ihnen wird die Unkenntnis einfacher steuerrechtlicher Vorschriften als grobe Fahrlässigkeit gewertet und diese dem Steuerpflichtigen in nachteiliger Weise steuerrechtlich zugerechnet.

Im Steuer*straf*recht wird jedoch leichtfertige (grob fahrlässige) Steuerverkürzung angenommen, wenn der Laien-Steuerpflichtige sich nicht über die Rechtslage informiert.[265]

[263] *R. Seer* ist der gleichen Meinung: „Die AO zwingt zwar Laien nicht, sich eines sachkundigen Bevollmächtigten zu bedienen. Laien sind ohne solche Bevollmächtigte aber tatsächlich nicht in der Lage, ihre steuergesetzlichen Pflichten zu erfüllen ..." (in: K. Tipke/J. Lang, Steuerrecht, 16. Aufl. 1998, § 22 Rz. 161).

[264] Näher dazu *H. W. Kruse* in: K. Tipke/H. W. Kruse, Kommentar zur Abgabenordnung/ Finanzgerichtsordnung, 16. Aufl., Lfg. April 1998, § 173 AO Tz. 79, 83.

[265] Kritisch dazu *H. W. Kruse* in K. Tipke/H. W. Kruse (Fußn. 264), § 173 AO Tz. 79: „BGHSt. 7, 336 (349, 351) hat zwar im Anschluß an RGSt. 61, 259, 262 bei Steuerverkürzungen die Leichtfertigkeit ... des Steuerpflichtigen damit begründet, daß er es unterlassen habe, einen ihm als zuverlässig und erfahren bekannten Angehörigen der steuerberatenden Berufe hinzuzuziehen. Indes hat der BGH nicht dargetan, woraus sich diese Rechtspflicht ergeben sollte. Noch weniger gibt es eine gesetzliche Vorschrift, die den Steuerpflichtigen verpflichtet, den Angehörigen der steuerberatenden Berufe im Rahmen des Möglichen zu beaufsichtigen ..." – Zwar muß der Laie den Fachmann über die Tatsachen richtig informieren. Abgesehen davon ist es aber absurd, vom Laien zu verlangen, er solle den Fachmann beaufsichtigen und kontrollieren.

Bei einem vermeidbaren Irrtum über die Rechtslage käme sogar die Annahme einer vorsätzlichen Steuerhinterziehung in Betracht.[266]

Allgemein wird im Strafrecht angenommen, daß zur Sorgfaltspflicht eine Informations- oder Erkundigungspflicht gehöre. Die Erkundigungspflicht könne insbesondere darin bestehen, sich die für eine bestimmte Tätigkeit geltenden Rechtsvorschriften und sonstigen Verhaltensnormen anzueignen.[267] Selbst wenn man das trotz § 80 I 1 AO auch für das Steuerstrafverfahren annimmt, so wirkt doch das Verhalten der Finanzverwaltung schuldentlastend. Die Finanzämter weisen Steuererklärungen von Laien nicht nur nicht zurück; sie klären die Steuerpflichtigen auch nicht über die Rechtsprechung zum Steuerstrafrecht auf. Sie nehmen Unrichtigkeiten in Laien-Steuererklärungen vielmehr in Kauf oder willigen darin ein, daß der Fiskus benachteiligt wird. Das muß auch das Steuerstrafrecht berücksichtigen, wenn es um die Schuldfrage geht.

(6) Auch die *Gerechtigkeitssensiblen* müssen mehr tun, als sich allgemein auf das „ungerechte" Steuerrecht berufen, wenn sie vermeiden wollen, bestraft zu werden. Soweit Verfassungen den Bürgern ein Widerstandsrecht einräumen, erfaßt dieses nicht den Widerstand gegen Gesetze durch Gesetzesbruch. Auch Gerechtigkeitssensible müssen daher vor Gerichten geltend machen, Gesetzesvorschriften, auf die es für ihre Besteuerung und die daran anknüpfende Bestrafung in ihrem Falle ankommt, seien wegen Verletzung des Gleichheitssatzes oder anderer Grundrechte verfassungswidrig. Der Gleichheitssatz kann durch Vorschriften des einschlägigen materiellen Rechts, aber auch durch insuffiziente Verfahrensvorschriften oder durch massenhaftes Nicht-Verifizieren verletzt sein (s. oben B I, III 1, 2).

Beispiel: A hat ständig nur 50% seines Aktienvermögens zur Vermögensteuer erklärt, weil nach dem Bewertungsgesetz das Aktienvermögen mit dem Verkehrswert zu bewerten war, während der substanzsteuerliche Wert von Grundvermögen (anderer Steuerpflichtiger) nur bei 15–25% des Verkehrswerts lag. Inzwischen hat das Bundesverfassungsgericht das Vermögensteuergesetz (und partiell das Erbschaftsteuergesetz) hauptsächlich wegen dieser den Gleichheitssatz grob verletzenden unterschiedlichen Bewertung für verfassungswidrig erklärt. Das müssen auch Strafrichter respektieren. Allerdings hat das Bundesverfassungsgericht entschieden, daß die Vermögensteuer mit Rücksicht auf die Staatsfinanzen noch bis Ende 1996 erhoben werden dürfe.[268]

[266] Die Praxis pflegt jedoch einen den Vorsatz ausschließenden Tatbestandsirrtum anzunehmen (dazu *R. Seer* in: K. Tipke/J. Lang, Steuerrecht, 16. Aufl., 1998, § 24 Rz. 44–46.

[267] Dazu *H.-H. Jescheck/Th. Weigend* (Fußn. 244), S. 581 mit Hinweis auf RGSt. 57, 329; 59, 53, 54; 61, 259, 263 zum Steuerstrafrecht; s. auch S. 294 ff.

[268] BVerfGE 93, 121, 148; BStBl. 1995 II, 650, 654.

Daß der Fiskus bis Ende 1996 nicht auf die Vermögensteuer verzichten mußte, heißt aber nicht, daß auch der *Straf*anspruch bis dahin bestehen geblieben wäre. Ein an sich verfassungswidriger Steueranspruch, der dem Fiskus nur aus Haushaltsrücksichten noch für eine Übergangsfrist zugebilligt worden ist, darf nicht mehr durch einen Strafanspruch abgesichert werden. Eine solche Absicherung würde auf eine Absicherung oder Gewährleistung einer *Unrechts*ordnung hinauslaufen. Auch die strafrechtliche Stabilisierung von verfassungs*widrigen* Vorschriften ist rechtsstaatswidrig. Ein moralisches Unwerturteil ist im Vermögensteuerfall und in ähnlichen Fällen über die Besteuerungs*un*moral des Gesetzgebers zu fällen, nicht aber über das Verhalten der Steuerpflichtigen. Seinen Übergangs-Steueranspruch kann der Fiskus bei Zahlungsverweigerung mit den Mitteln des Zwangsvollstreckungsrechts durchsetzen.

Beispiel: A unterläßt es, seine Einkünfte aus „Wertpapierspekulation" (§§ 22 Nr. 2; 23 I Nr. 2 EStG) anzugeben, weil er zutreffend davon ausgeht, daß die große Mehrheit der „Wertpapierspekulanten" die Spekulationseinkünfte nicht erkläre, er also zu den wenigen „Dummen" gehören würde, wenn er anders verfahren würde. In der Tat gibt die Abgabenordnung den Finanzämtern keine Mittel an die Hand, die Angaben oder Nichtangaben über zu versteuernde Einkünfte aus der Veräußerung von privaten Wertpapieren zu verifizieren.

Da es sich in diesem Fall nicht anders verhält als in dem vom Bundesverfassungsgericht 1991 entschiedenen Fall der gänzlich insuffizienten Zinsbesteuerung[269], kann A damit rechnen, daß auch §§ 22 Nr. 2; 23 Nr. 3 EStG früher oder später für verfassungswidrig erklärt werden. Noch hat jedoch kein Steuerfachgericht dem Bundesverfassungsgericht einen einschlägigen Fall präsentiert. Das darf aber ein Strafgericht nicht daran hindern, in einem einschlägigen Strafverfahren diesen Schritt (s. Art. 100 GG) selbst zu tun. Es dürfte und müßte eventuell auch dann so verfahren, wenn das Finanzgericht die Vorlage an das Verfassungsgericht abgelehnt hätte, das Strafgericht aber abweichend vom Finanzgericht die Verfassungswidrigkeit der §§ 22 Nr. 2, 23 I Nr. 2 EStG annehmen würde.

Beispiel: A und B sind Fachärzte. A praktiziert im eigenen Haus. B läßt auf den Rat seines Steuerberaters ein Haus von seiner Frau erwerben. Diese vermietet es für Praxiszwecke an Ehemann B. Nach zehn Jahren entschließen sich A und B, in den Dienst einer entfernten Klinik zu treten. Daher werden beide Häuser veräußert. Frau B braucht den Veräußerungsgewinn nicht zu versteuern, weil die Voraussetzungen der §§ 22 Nr. 2, 23 I Nr. 1 EStG nicht vorliegen. A muß den Gewinn jedoch versteuern, da er ein zu seinem Betriebs-

[269] BVerfGE 84, 239; BStBl. 1991 II, 654.

vermögen gehöriges Haus veräußert hat. A begibt sich nun auch zu einem Steuerberater und erfährt von diesem, er müsse eine „Dummensteuer" zahlen, weil er den Fall nicht steueroptimal gestaltet habe. Da A seine steuerliche Behandlung als Diskriminierung ansieht, gibt er den Veräußerungsgewinn in der Steuererklärung nicht an; das Finanzamt deckt die Unterlassung jedoch auf und eröffnet gegen A ein Strafverfahren wegen Steuerhinterziehung.[270]

Auf eine Verfassungsgerichtsentscheidung kann A sich nicht berufen; im Gegenteil: 1970 hat das Bundesverfassungsgericht entschieden, daß es den Gleichheitssatz nicht verletze, wenn der Gewinn aus der Veräußerung von Betriebsvermögen versteuert werden müsse, der Gewinn aus der Veräußerung von Privatvermögen aber grundsätzlich nicht.[271]

Nicht wenige Steuerpflichtige ziehen die eigenmächtige Steuerverkürzung dem langwierigen Weg zum Bundesverfassungsgericht vor, weil dieses Gericht erfahrungsgemäß

- immer wieder Gründe sucht und findet, die es ihm ermöglichen, Gerichtsvorlagen und Verfassungsbeschwerden für unzulässig zu erklären und sich so von der Last zu befreien, sich mit der Sache selbst befassen zu müssen (s. oben B III 3);
- statt die vom Gleichheitssatz geforderte Vergleichung auf der Grundlage des Leistungsfähigkeitsprinzips vorzunehmen, oft nur prüft, ob die beanstandete Vorschrift willkürlich sei;
- auch bei Feststellung der Verfassungswidrigkeit aus Rücksicht auf die öffentlichen Haushalte nur eine Entscheidung für die Zukunft trifft, es für die Vergangenheit also bei der Ungleichbehandlung beläßt.[272] Die Vergangenheit kann in Anbetracht der Länge der Steuer- und Verfassungsprozesse ungewöhnlich lang sein.

Durch manche solcher Entscheidungen fühlen sich *die Steuerehrlichen im Stich gelassen* und greifen zur Selbsthilfe.[273] So hat es Jahrzehnte gedauert, bis das Bundesverfassungsgericht endlich die evidente Verfassungswidrigkeit der unterschiedlichen Bewertung verschiedener Vermögensarten bejaht hat.[274]

[270] Zu diesem Fall auch *F. Salditt*, in: Festschrift für K. Tipke, 1995, S. 475, 480 ff.

[271] BVerfGE 26, 302, 310; BStBl. 1970 II, 156. Dazu kritisch *K. Tipke*, BB 1973, 157 ff.; *ders.*, Die Steuerrechtsordnung, 1993, S. 645 ff.; *K. Vogel*, Verfassungsrechtsprechung zum Steuerrecht, 1999, S. 15.

[272] Dazu schon oben (B III 3, S. 76).

[273] „Der Rechtstreue braucht ... die Überzeugung, die ihm aufgebürdeten Abgaben würden zunächst im Prinzip gerecht verteilt. Fehlt es an dieser Überzeugung, dann wuchern Neid und Mißgunst. Hieraus entsteht ein Wettlauf um den legalen und um den illegalen Vorteil. Auf solchem Boden floriert die Steuerhinterziehung" (*O. von Briehl/D. Ehlscheid*, Steuer-Strafrecht, 1997, S. 7). Gänzlich ähnlich vorher schon *F. Salditt*, StraFo 1997, 65 li. Sp.

[274] BVerfGE 93, 121; 93, 165.

Jahrzehntelang hatte das Verfassungsgericht sich unzugänglich gezeigt (obwohl der Verstoß gegen den Gleichheitssatz mit Händen zu greifen war), durchweg aus selbsterfundenen formalen Gründen.[275]

Albert Hensel, der Anwalt eines rechtsstaatlichen Steuerrechts in der Zeit der Weimarer Republik, hatte die Auffassung vertreten, jeder Steuerpflichtige habe das Recht zu sagen: „Ich verlange, daß mein Nachbar ebenso schwer von der Steuerlast betroffen wird wie ich selbst".[276] Der Staatsrechtslehrer *Herbert Krüger* formuliert es später so: „Jeder Staat erweist sich als ein zum mindesten stillschweigendes Einverständnis darüber, daß die Staatsgesinnung des Individuums nicht eine für sich bestehende ist, sondern auf Gegenseitigkeit beruht ... In der Tat ist der Staat weithin die zwangsweise Gewährleistung der Gegenseitigkeit unter den Mitbürgern." Als Beispiel nennt H. Krüger den „Verfassungssatz der Gleichheit vor den öffentlichen Lasten".[277]

Nur hat sich diese Ansicht bisher vor Gericht nicht durchsetzen lassen. Wer sich darüber beschwert, daß andere entgegen dem Gesetz günstiger behandelt würden als er selbst, wird nur zu oft wie folgt beschieden: „Da der Kläger selbst vorträgt, entsprechend dem Gesetz behandelt worden zu sein, ist er nicht in seinen Rechten verletzt; ob andere entgegen dem Gesetz günstiger behandelt werden, geht ihn nichts an. Eine Gleichheit im Unrecht gibt es nicht".[278] Aber der 2. Senat des Bundesverfassungsgerichts hat wenigstens bei Vorliegen einer besonderen Fallkonstellation einen Anspruch auf Gleichbehandlung dann bejaht, wenn die Beschwer sich aus der gesetzwidrigen Geringerbelastung anderer ergibt. – Gesetzesverletzung und Rechtsverletzung sind oft nicht das Gleiche.

Handeln Steuerpflichtige nicht hartnäckig aus *Rechts*feindschaft, sondern versuchen sie umgekehrt gerade das Recht, insbesondere die Gleichbelastung, durchzusetzen, für die die Fachgerichte und das Verfassungsgericht bisher nicht gesorgt haben, so sollte das Strafgericht prüfen, ob die Rechtsauffassung des Steuerpflichtigen eine solide Grundlage, vor allem eine Basis in der Fachliteratur hat. Trifft das zu, so sollte das Strafgericht das Verfassungsgericht anrufen, wenn die Gesetzesnorm, die der „Steuersünder" verletzt hat, mit Duldung der Staatsgewalt massenhaft verletzt worden ist, so daß der Steuerpflichtige sich sagen mußte: Così fan tutte! Aus der Version der Goldenen Regel „Was du willst, daß andere tun, das tue auch du" wird dann: „Was die große

[275] BVerfGE 23, 242, 254; 41, 269, 284; 65, 160, 168; 74, 182, 200; 89, 329, 336. – *D. Schneider* spricht von einem „Skandal" (Der Betrieb 1997, 488 li. Sp.)

[276] *A. Hensel*, Vierteljahresschrift für Steuer- und Finanzrecht 1927, 62.

[277] *H. Krüger*, Allgemeine Staatslehre, 1964, S. 209.

[278] Dazu mit guten Gründen kritisch *R. Wernsmann*, FR 1999, 242.

Mehrheit der anderen mit Duldung der Staatsgewalt nicht tut, das brauchst du auch nicht zu tun (dir auch nicht anzutun)". Das massenhaft verletzte Steuergesetz ist verfassungswidrig und braucht nicht befolgt zu werden. Daß unter den aufgrund von Bankenuntersuchungen ermittelten Hinterziehern auch Steuerbeamte waren – bis hin zum Großbetriebsprüfer –, spricht doch für sich. Stehen der Anrufung des Verfassungsgerichts aber formale Hindernisse im Wege, so sollte das Strafgericht das Gerechtigkeitsmotiv des Steuerpflichtigen bei der Beurteilung der Schuld und bei der Strafzumessung gehörig berücksichtigen, auch die Möglichkeiten der Verfahrenseinstellung (§§ 398 AO; §§ 153, 153a StPO) prüfen.[279] Die Schuld eines Täters, der nur eine steuerliche Gleichbehandlung zu erreichen sucht, ist – wenn überhaupt von Schuld gesprochen werden kann – allenfalls gering; ein öffentliches Interesse an der Verfolgung von Bürgern, die das Recht und nicht das Unrecht anstreben, besteht nicht. Das gilt zumal dann, wenn sich erweist, daß die Schuld allein oder ganz überwiegend bei den Staatsorganen liegt, die Gesetze erlassen haben, die Grundrechte verletzen und dadurch auch die Besteuerungsmoral. „Was wäre, wenn alle das täten?", lautet eine bekannte, die Folgen bedenkende Testfrage in der Ethik.[280] Wenn alle keine Steuern zahlen würden, wären die Folgen sicherlich desaströs. Wenn wenige aber nur eine bestimmte Steuerart verkürzen, weil die große Mehrheit es mit Duldung des Staates auch tut, sind die Folgen nicht nur erträglich; sie sind auch vom Staat zu vertreten.

Der naheliegende Einwand, es würden auch bei weitem nicht alle Diebe und Vergewaltiger überführt, und trotzdem würden die Überführten bestraft, schlägt nicht durch. Wer stiehlt oder vergewaltigt, wird wegen begangenen Unrechts bestraft, wer gegen ungerechte Gesetze verstößt, aber nicht.

Neuerdings wird schon das Einkommensteuergesetz als solches mit Verfassungsbeschwerden angegriffen. Solche Beschwerden dürften deshalb keinen Erfolg haben, weil das Verfassungsgericht die Einkommensteuer als solche als von Art. 105, 106 GG erfaßte Steuer für verfassungstabu hält. Den Beschwerdeführern geht es aber wohl auch gar nicht um eine Beseitigung der Einkommensteuer, sondern um die Wiederherstellung einer dem Gleichheitssatz entsprechenden Bemessungsgrundlage.

[279] S. auch *F. Salditt* (Fußn. 242), S. 482.

[280] Dazu gibt es eine umfängliche Literatur. Dazu z. B. *A.C. Ewing*, What would Happen if Everybody Acted like me?, Philosophy Bd. 28 (1953), 16 ff.; *K. Bach*, When to Ask „What if Everyone Did That?", Phil. and Phenom. Research Bd. 37 (1976/77), 464 ff.; *C. Stang*, What if Everyone Did That?, Durham University Journal Bd. 53 (1060/61), 105 ff.; *A. K. Stout*, But Suppose Everyone Did the Same, Australasian Journal of Philosophy Bd. 32 (1954), 1 ff.; M.G. Singer, Generalization in Ethics, 1971, S. 61 ff.

Wenn es richtig ist, daß die Einkommensbesteuerung nur etwa die Hälfte des in der wirtschaftlichen Gesamtrechnung registrierten Volkseinkommens erfaßt und daß die Nichterfassung dieser Hälfte wiederum zur Hälfte darauf zurückzuführen ist, daß die Bemessungsgrundlage des Einkommensteuergesetzes sie nicht erfaßt, zur anderen Hälfte auf Einkommensteuerhinterziehung,[281] wenn es ferner richtig ist, daß zum Einkommensteueraufkommen (Zahlen für 1997) von 280 527 Mio. DM die Lohnsteuerpflichtigen mit 248 672 Mio. DM (= 88,64%) beigetragen haben, veranlagte Selbständige (Vermieter eingeschlossen), Rentner, Abgeordnete und Spekulationsgewinner aber nur mit 5763 Mio. DM (= 2,05%)[282], so liegt es nahe, daß „aufgeklärte" Lohnsteuerpflichtige die geltende Einkommensteuerbemessungsgrundlage für verfassungswidrig halten. Die Verfassungswidrigkeit wegen Ungleichbelastung ist statistisch so evident und so eklatant, daß die Rechtfertigungslast für dieses Phänomen nur bei den Staatsgewalten liegen kann. Daß die Ungleichbelastung zu einem erheblichen Teil auf ungleich verteilte Steuervergünstigungen zurückzuführen ist, ist auch der Gerichtsbarkeit mitanzulasten, da die Gerichte bis hinauf zum Bundesverfassungsgericht sich mit der Rechtfertigung von Steuervergünstigungen nie befaßt haben, sondern angenommen haben, daß Steuervergünstigungen per se Ungleichbelastungen rechtfertigen.

Wenn die Strafrichter die Steuerhinterziehung nicht länger einseitig wie ein Staatsschutzdelikt behandeln, sondern verfassungswidrig-ungerechten Steuern ihren Schutz entziehen würden, würden sie einen effizienten Beitrag dazu leisten können, daß der Gesetzgeber sich veranlaßt sieht, dem Steuerrecht wieder eine rechtsstaatlich-verfassungsmäßige Fasson zu geben.

Klaus Vogel hat schon vor Jahren einmal beklagt, daß man als Hochschullehrer „deutsches Steuerrecht nicht mehr ohne Scham unterrichten" könne.[283] Von Steuerbeamten weiß man, daß die Kritik an der Gesetzgebung von Steuerpflichtigen nicht selten bei ihnen abgeladen wird. Ob auch Steuerbeamte sich stellvertretend für den Gesetzgeber schämen, ist mir nicht bekannt. Im Steuerstrafverfahren sollte es künftig nicht mehr einseitig nur um das Unrecht gehen, das dem Steuerpflichtigen angelastet wird, sondern auch um das Unrecht, das in Steuergesetzen stecken kann.

[281] Zitiert nach *F. Salditt*, StraFo 1997, 65 li. Sp.

[282] S. oben S. 22 Fußn. 44. Selbst die Kapitalertrag- (5,23%) und die Zinsabschlagsteuer (4,06%) haben mehr eingebracht.

[283] *K. Vogel*, Der Verlust des Rechtsgedankens im Steuerrecht, DStJG Bd. 12 (1989), S. 127.

Veröffentlichungen der Nordrhein-Westfälischen Akademie der Wissenschaften

Neuerscheinungen 1987 bis 2000

Vorträge G Heft Nr.		GEISTESWISSENSCHAFTEN
286	*Andreas Hillgruber, Köln*	Alliierte Pläne für eine „Neutralisierung" Deutschlands 1945–1955
287	*Otto Pöggeler, Bochum*	Preußische Kulturpolitik im Spiegel von Hegels Ästhetik
288	*Bernhard Großfeld, Münster*	Einige Grundfragen des Internationalen Unternehmensrechts
289	*Reinhold Merkelbach, Köln*	Nikaia in der römischen Kaiserzeit
290	*Werner Besch, Bonn*	Die Entstehung der deutschen Schriftsprache
291	*Heinz Gollwitzer, Münster*	Internationale des Schwertes. Transnationale Beziehungen im Zeitalter der „vaterländischen" Streitkräfte
292	*Bernhard Kötting, Münster*	Die Bewertung der Wiederverheiratung (der zweiten Ehe) in der Antike und in der Frühen Kirche
293	*5. Akademie-Forum*	Technik und Industrie in Kunst und Literatur
	Volker Neuhaus, Köln	Vorwurf Industrie
	Klaus Wolfgang Niemöller, Köln	Industrie, Technik und Elektronik in ihrer Bedeutung für die Musik des 20. Jahrhunderts
	Hans Schadewaldt, Düsseldorf	Technik und Heilkunst
294	*Paul Mikat, Düsseldorf*	Die Polygamiefrage in der frühen Neuzeit
295	*Georg Kauffmann, Münster*	Die Macht des Bildes – Über die Ursachen der Bilderflut in der modernen Welt. Jahresfeier am 27. Mai 1987
296	*Herbert Wiedemann, Köln*	Organverantwortung und Gesellschafterklagen in der Aktiengesellschaft
297	*Rainer Lengeler, Bonn*	Shakespeares Sonette in deutscher Übersetzung: Stefan George und Paul Celan
298	*Heinz Hürten, Eichstätt*	Der Kapp-Putsch als Wende. Über Rahmenbedingungen der Weimarer Republik seit dem Frühjahr 1920
299	*Dietrich Gerhardt, Hamburg*	Die Zeit und das Wertproblem, dargestellt an den Übertragungen V. A. Žukovskijs
300	*Bernhard Großfeld, Münster*	Unsere Sprache: Die Sicht des Juristen
301	*Otto Pöggeler, Bochum*	Philosophie und Nationalsozialismus – am Beispiel Heideggers Jahresfeier am 31. Mai 1989
302	*Friedrich Ohly, Münster*	Metaphern für die Sündenstufen und die Gegenwirkungen der Gnade
303	*Harald Weinrich, München*	Kleine Literaturgeschichte der Heiterkeit
304	*Albrecht Dihle, Heidelberg*	Philosophie als Lebenskunst
305	*Rüdiger Schott, Münster*	Afrikanische Erzählungen als religionsethnologische Quellen, dargestellt am Beispiel von Erzählungen der Bulsa in Nordghana
306	*Hans Rothe, Bonn*	Anton Tschechov oder Die Entartung der Kunst
307	*Arthur Th. Hatto, London*	Eine allgemeine Theorie der Heldenepik
308	*Rudolf Morsey, Speyer*	Die Deutschlandpolitik Adenauers. Alte Thesen und neue Fakten
309	*Joachim Bumke, Köln*	Geschichte der mittelalterlichen Literatur als Aufgabe
310	*Werner Sundermann, Berlin*	Der Sermon von der Seele. Ein Literaturwerk des östlichen Manichäismus
311	*Bruno Schüller, Münster*	Überlegungen zum ‚Gewissen'
312	*Karl Dietrich Bracher, Bonn*	Betrachtungen zum Problem der Macht
313	*Klaus Stern, Köln*	Die Wiederherstellung der deutschen Einheit – Retrospektive und Perspektive Jahresfeier am 28. Mai 1991
314	*Rainer Lengeler, Bonn*	Shakespeares ***Much Ado About Nothing*** als Komödie
315	*Jean-Marie Valentin, Paris*	Französischer „Roman comique" und deutscher Schelmenroman
316	*Nikolaus Himmelmann, Bonn*	Archäologische Forschungen im Akademischen Kunstmuseum der Universität Bonn: Die griechisch-ägyptischen Beziehungen
317	*Walther Heissig, Bonn*	Oralität und Schriftlichkeit mongolischer Spielmanns-Dichtung
318	*Anthony R. Birley, Düsseldorf*	Locus virtutibus patefactus? Zum Beförderungssystem in der Hohen Kaiserzeit

319	*Günther Jakobs, Bonn*	Das Schuldprinzip
320	*Gherardo Gnoli, Rom*	Iran als religiöser Begriff im Mazdaismus
321	*Claus Vogel, Bonn*	Mīramīrāsutas Asālatiprakāśa – Ein synonymisches Wörterbuch des Sanskrit aus der Mitte des 17. Jahrhunderts
322	*Klaus Hildebrand, Bonn*	Die britische Europapolitik zwischen imperialem Mandat und innerer Reform 1856–1876
323	*Paul Mikat, Düsseldorf*	Die Inzestverbote des Dritten Konzils von Orléans (538). Ein Beitrag zur Geschichte des Fränkischen Eherechts
324	*Hans Joachim Hirsch, Köln*	Die Frage der Straffähigkeit von Personenverbänden
325	*Bernhard Großfeld, Münster*	Europäisches Wirtschaftsrecht und Europäische Integration
326	*Nikolaus Himmelmann, Bonn*	Antike zwischen Kommerz und Wissenschaft Jahresfeier am 8. Mai 1993
327	*Slavomír Wollman, Prag*	Die Literaturen in der österreichischen Monarchie im 19. Jahrhundert in ihrer Sonderentwicklung
328	*Rainer Lengeler, Bonn*	Literaturgeschichte in Nöten. Überlegungen zur Geschichte der englischen Literatur des 20. Jahrhunderts
329	*Annemarie Schimmel, Bonn*	Das Thema des Weges und der Reise im Islam
330	*Martin Honecker, Bonn*	Die Barmer Theologische Erklärung und ihre Wirkungsgeschichte
331	*Siegmar von Schnurbein, Frankfurt/Main*	Vom Einfluß Roms auf die Germanen
332	*Otto Pöggeler, Bochum*	Ein Ende der Geschichte? Von Hegel zu Fukuyama
333	*Niklas Luhmann, Bielefeld*	Die Realität der Massenmedien
334	*Josef Isensee, Bonn*	Das Volk als Grund der Verfassung
335	*Paul Mikat, Düsseldorf*	Die Judengesetzgebung der fränkisch-merowingischen Konzilien
336	*Bernhard Großfeld, Münster*	Bildhaftes Rechtsdenken. Recht als bejahte Ordnung
337	*Herbert Schambeck, Linz*	Das österreichische Regierungssystem. Ein Verfassungsvergleich
338	*Hans-Joachim Klimkeit, Bonn*	Manichäische Kunst an der Seidenstraße
339	*Ernst Dassmann, Bonn*	Frühchristliche Prophetenexegese
340	*Nikolaus Himmelmann, Bonn*	Sperlonga. Die homerischen Gruppen und ihre Bildquellen
341	*Claus Vogel, Bonn*	Zum Aufbau altindischer Sanskritwörterbücher der vorklassischen Zeit
342	*Hans Joachim Hirsch, Köln*	Rechtsstaatliches Strafrecht und staatlich gesteuertes Unrecht
343	*Hans-Peter Schwarz, Bonn*	Der Ort der Bundesrepublik Deutschland in der deutschen Geschichte
344	*Günther Jakobs, Bonn*	Die strafrechtliche Zurechnung von Tun und Unterlassen
345	*Paul Mikat, Düsseldorf*	Caesarius von Arles und die Juden
346	*Gustav A. Lehmann, Göttingen*	Oligarchische Herrschaft im klassischen Athen
347	*Ludwig Siep, Münster*	Zwei Formen der Ethik
348	*Rüdiger Schott, Münster*	Orakel und Opferkulte bei Völkern der westafrikanischen Savanne
349	*Nikolaus Himmelmann, Bonn*	Tieropfer in der griechischen Kunst
350	*Klaus Stern, Köln*	Verfassungsgerichtsbarkeit und Gesetzgeber
351	*José Vitorino de Pina Martins, Lissabon*	Erasme à l'origine de l'Humanisme en Allemagne
352	*Rudolf Schieffer, München*	Der geschichtliche Ort der ottonisch-salischen Reichskirchenpolitik
353	*Wolfgang Kluxen, Bonn*	Perspektiven der Wirtschaftsethik
354	*Otto Pöggeler, Bochum*	Lyrik als Sprache unserer Zeit? Paul Celans Gedichtbände
355	*Georg Petzl, Köln*	Die Beichtinschriften im römischen Kleinasien und der Fromme und Gerechte Gott
356	*Bernhard Großfeld, Münster*	Recht als Leidensordnung
357	*Nikolaus Himmelmann, Bonn*	Attische Grabreliefs
358	*Konrad Repgen, Bonn*	Der Westfälische Friede: Ereignis, Fest und Erinnerung
359	*Johannes Kunisch, Köln*	Loudons Nachruhm
360	*Claus Vogel, Bonn*	Die Anfänge des westlichen Studiums der altindischen Lexikographie
361	*Josef Isensee, Bonn*	Vom Stil der Verfassung
362	*Hans Rothe, Bonn*	Was ist „altrussische Literatur"?
363	*Herbert Schambeck, Linz*	Politische und rechtliche Entwicklungstendenzen der europäischen Integration
364	*Bernhard König, Köln*	Transformation und Deformation: Vergils *Aeneis* als Vorbild spanischer und italienischer Ritterdichtung
365	*Ursula Peters, Köln*	Text und Kontext: Die Mittelalter-Philologie zwischen Gesellschaftsgeschichte und Kulturanthropologie
366	*Klaus Tipke, Wentorf*	Besteuerungsmoral und Steuermoral

ABHANDLUNGEN

Band Nr.		
72	*(Sammelband)*	Studien zur Ethnogenese
	Wilhelm E. Mühlmann	Ethnogonie und Ethnogenese
	Walther Heissig	Ethnische Gruppenbildung in Zentralasien im Licht mündlicher und schriftlicher Überlieferung
	Karl J. Narr	Kulturelle Vereinheitlichung und sprachliche Zersplitterung: Ein Beispiel aus dem Südwesten der Vereinigten Staaten
	Harald von Petrikovits	Fragen der Ethnogenese aus der Sicht der römischen Archäologie
	Jürgen Untermann	Ursprache und historische Realität. Der Beitrag der Indogermanistik zu Fragen der Ethnogenese
	Ernst Risch	Die Ausbildung des Griechischen im 2. Jahrtausend v. Chr.
	Werner Conze	Ethnogenese und Nationsbildung – Ostmitteleuropa als Beispiel
75	*Herbert Lepper, Aachen*	Die Einheit der Wissenschaften: Der gescheiterte Versuch der Gründung einer „Rheinisch-Westfälischen Akademie der Wissenschaften" in den Jahren 1907 bis 1910
77	*Elmar Edel, Bonn*	Die ägyptisch-hethitische Korrespondenz (2 Bände)
78	*(Sammelband)*	Studien zur Ethnogenese, Band 2
	Rüdiger Schott	Die Ethnogenese von Völkern in Afrika
	Siegfried Herrmann	Israels Frühgeschichte im Spannungsfeld neuer Hypothesen
	Jaroslav Šašel	Der Ostalpenbereich zwischen 550 und 650 n. Chr.
	András Róna-Tas	Ethnogenese und Staatsgründung. Die türkische Komponente bei der Ethnogenese des Ungartums
	Register zu den Bänden 1 (Abh 72) und 2 (Abh 78)	
80	*Friedrich Scholz, Münster*	Die Literaturen des Baltikums. Ihre Entstehung und Entwicklung
83	*Karin Metzler, Frank Simon, Bochum*	Ariana et Athanasiana. Studien zur Überlieferung und zu philologischen Problemen der Werke des Athanasius von Alexandrien
84	*Siegfried Reiter/Rudolf Kassel, Köln*	Friedrich August Wolf. Ein Leben in Briefen. Ergänzungsband, I: Die Texte; II: Die Erläuterungen
85	*Walther Heissig, Bonn*	Heldenmärchen versus Heldenepos? Strukturelle Fragen zur Entwicklung altaischer Heldenmärchen
86	*Hans Rothe, Bonn*	*Die Schlucht.* Ivan Gontscharov und der „Realismus" nach Turgenev und vor Dostojevski (1849–1869)
88	*Peter Zieme, Berlin*	Religion und Gesellschaft im Uigurischen Königreich von Qočo
89	*Karl H. Menges, Wien*	Drei Schamanengesänge der Ewenki-Tungusen Nord-Sibiriens
90	*Christel Butterweck, Halle*	Athanasius von Alexandrien: Bibliographie
91	*T. Čertorickaja, Moskau*	Vorläufiger Katalog Kirchenslavischer Homilien des beweglichen Jahreszyklus
92	*Walter Mettmann, Münster (Hrsg.)*	Alfonso de Valladolid, *Mostrador de Justicia*
93	*Werner H. Hauss, Münster* *Robert W. Wissler, Chicago* *Hans-Joachim Bauch, Münster (Eds.)*	Seventh Münster International Arteriosclerosis Symposium: New Pathogenic Aspects of Arteriosclerosis Emphasizing Transplantation Atheroarteritis
94	*Helga Giersiepen, Bonn* *Raymund Kottje, Bonn (Hrsg.)*	Inschriften bis 1300. Probleme und Aufgaben ihrer Erforschung
95	*Walther Heissig, Bonn (Hrsg.)*	Formen und Funktion mündlicher Tradition
97	*Rudolf Schieffer, München (Hrsg.)*	Schriftkultur und Reichsverwaltung unter den Karolingern
98/99/ 105	*Hans Rothe, Bonn* *E. M. Vereščagin, Moskau (Hrsg.)*	Gottesdienstmenäum für den Monat Dezember, Teil 1/Teil 2/Teil 3
100	*Oleg V. Tvorogov (Hrsg.)*	Johannes Chrysostomos im altrussischen und südslavischen Schrifttum des 11.–16. Jahrhunderts
101	*Walter Mettmann, Münster (Hrsg.)*	Alfonso de Valladolid, *Tĕšuvot la-Mĕharef*
102	*Walther Heissig/Rüdiger Schott (Hrsg.)*	Die heutige Bedeutung oraler Traditionen
103	*Geng Shimin, Hans-Joachim Klimkeit, Jens Peter Laut (Hrsg.)*	Eine buddhistische Apokalypse: Die Höllenkapitel und die Schlußkapitel der Hami-Handschrift der alttürkischen *Maitrisimit*
104	*Hans Rothe, Bonn (Hrsg.)*	Das Dubrovskij-Menäum

Vol. VII	Kölner Papyri (P. Köln)
Bärbel Kramer und Robert Hübner (Bearb.), Köln	Band 1
Bärbel Kramer und Dieter Hagedorn (Bearb.), Köln	Band 2
Bärbel Kramer, Michael Erler, Dieter Hagedorn und Robert Hübner (Bearb.), Köln	Band 3
Bärbel Kramer, Cornelia Römer und Dieter Hagedorn (Bearb.), Köln	Band 4
Michael Gronewald, Bärbel Kramer, Klaus Maresch, Maryline Parca und Cornelia Römer (Bearb.)	Band 6
Michael Gronewald, Klaus Maresch (Bearb.), Köln	Band 7
Michael Gronewald, Klaus Maresch, Cornelia Römer (Bearb.), Köln	Band 8
Vol. XI	Katalog der Bithynischen Münzen der Sammlung des Instituts für Altertumskunde der Universität zu Köln
Wolfram Weiser, Köln	Band 1: Nikaia. Mit einer Untersuchung der Prägesysteme und Gegenstempel
Thomas Corsten, Köln	Band 2: Könige, Commune Bithyniae, Städte (außer Nikaia)
Vol. XIV: *Ludwig Koenen, Ann Arbor Cornelia Römer (Bearb.), Köln*	Der Kölner Mani-Kodex. Über das Werden seines Leibes. Kritische Edition mit Übersetzung
Vol. XV: *Jaakko Frösen, Helsinki/Athen Dieter Hagedorn, Heidelberg (Bearb.)*	Die verkohlten Papyri aus Bubastos (P. Bub.) Band 1
Dieter Hagedorn, Heidelberg Klaus Maresch, Köln (Bearb.)	Band 2
Vol. XVI: *Robert W. Daniel, Köln Franco Maltomini, Pisa (Bearb.)*	Supplementum Magicum Band 1 und Band 2
Vol. XVII: *Reinhold Merkelbach, Maria Totti (Bearb.), Köln*	Abrasax. Ausgewählte Papyri religiösen und magischen Inhalts Band 1 und Band 2: Gebete Band 3: Zwei griechisch-ägyptische Weihezeremonien Band 4: Exorzismen und jüdisch/christlich beeinflußte Texte
Vol. XVIII: *Klaus Maresch, Köln Zola M. Packmann, Pietermaritzburg, Natal (eds.)*	Papyri from the Washington University Collection, St. Louis, Missouri
Vol. XIX: *Robert W. Daniel, Köln (ed.)*	Two Greek Papyri in the National Museum of Antiquities in Leiden
Vol. XX: *Erika Zwierlein-Diehl, Bonn (Bearb.)*	Magische Amulette und andere Gemmen des Instituts für Altertumskunde der Universität zu Köln
Vol. XXI: *Klaus Maresch, Köln*	Nomisma und Nomismatia. Beiträge zur Geldgeschichte Ägyptens im 6. Jahrhundert n. Chr.
Vol. XXII: *Roy Kotansky, Santa Monica, Calif.*	Greek Magical Amulets. The Inscribed Gold, Silver, Copper, and Bronze Lamellae. Part 1: Published Texts of Known Provenance
Vol. XXIII: *Wolfram Weiser, Köln*	Katalog ptolemäischer Bronzemünzen der Sammlung des Instituts für Altertumskunde der Universität zu Köln
Vol. XXIV: *Cornelia Eva Römer, Köln*	Manis frühe Missionsreisen nach der Kölner Manibiographie
Vol. XXV: *Klaus Maresch, Köln*	Bronze und Silber. Papyrologische Beiträge zur Geschichte der Währung im ptolemäischen und römischen Ägypten
Vol. XXVI: *William H. Willis, Duke University, Klaus Maresch, Köln (Bearb.)*	The archive of Ammon Scholasticus of Panopolis (P. Ammon) Vol. 1: The legacy of Harpocration
Vol. XXVII *Markus Stein, Bonn (Bearb.)*	Manichaica Latina Band 1: Epistula ad Menoch
Vol. XXVIII: *Jürgen Hammerstaedt, Köln*	Griechische Anaphorenfragmente aus Ägypten und Nubien

FSC
www.fsc.org
MIX
Papier | Fördert gute Waldnutzung
FSC® C083411

Kolibri 360 GmbH
Ferdinand-Jühlke-Straße 7
99095 Erfurt, Deutschland
produktsicherheit@kolibri360.de